AF555094

ANECDOTES INÉDITES

SUR

MALHERBE

SUPPLÉMENT

DE LA

VIE DE MALHERBE PAR RACAN

PUBLIÉ AVEC UNE INTRODUCTION ET DES NOTES CRITIQUES

PAR

LOUIS ARNOULD
MAÎTRE DE CONFÉRENCES DE LITTÉRATURE FRANÇAISE
A LA FACULTÉ DES LETTRES DE POITIERS

PARIS

ALPHONSE PICARD ET FILS, ÉDITEURS
Libraires des Archives Nationales et de la Société de l'École des Chartes
82, RUE BONAPARTE, 82

1893

ANECDOTES INÉDITES

SUR

MALHERBE

SUPPLÉMENT

DE LA

VIE DE MALHERBE PAR RACAN

PUBLIÉ AVEC UNE INTRODUCTION ET DES NOTES CRITIQUES

PAR

Louis ARNOULD

MAÎTRE DE CONFÉRENCES DE LITTÉRATURE FRANÇAISE
A LA FACULTÉ DES LETTRES DE POITIERS

PARIS

ALPHONSE PICARD ET FILS, ÉDITEURS

Libraires des Archives Nationales et de la Société de l'École des Chartes

82, RUE BONAPARTE, 82

1893

A MON PÈRE

MONSIEUR ARNOULD BALTARD

CHEVALIER DE LA LÉGION D'HONNEUR

TABLE DES MATIÈRES

INTRODUCTION

I. — Les Mémoires de Racan pour la vie de Malherbe. L'ancien manuscrit de la Bibliothèque Nationale (N).

II. — Le nouveau manuscrit de l'Arsenal (A). Description et histoire du volume.

III. — Comparaison des deux manuscrits. Analyse de A. Rédaction de A : intercalations. Leur ordre. L'auteur des passages intercalés : discussion d'après 1. le Sujet, 2. le Ton du récit, 3. les Tours de phrases, 4. les Témoignages des Contemporains, 5. les Opinions modernes. Conclusion. — Objection. L'hypothèse du Bibliophile Jacob. Nouvelle hypothèse. — Notre Titre. Classement des deux manuscrits.

IV. — Mode de publication des anecdotes.

I

Les Mémoires de Racan pour la vie de Malherbe. L'ancien manuscrit de la Bibliothèque Nationale.

On sait que les renseignements détaillés que nous possédons sur le caractère et la vie de Malherbe viennent de notes biographiques rédigées par Racan vers

1650, en faveur de Ménage, qui préparait une édition des œuvres du maître. *Les Mémoires de M. de Racan pour la Vie de Malherbe* passèrent en manuscrit sous les yeux de Ménage, de Pellisson, de Conrart, de Tallemant des Réaux, de La Fontaine, et ne furent probablement publiés qu'en 1672 par l'*abbé de Saint-Ussans*. La date de la première édition de ce manuscrit est l'objet d'une question délicate que nous nous proposons d'étudier prochainement dans notre thèse de doctorat sur Racan. L'on peut consulter, en attendant, la Notice de M. Lalanne, dans les *Œuvres de Malherbe*, t. I, p. LXI et LXII, et notre article de la *Revue bleue* du 3 décembre 1892, p. 728.

Ce qu'il y a de sûr, c'est que les Mémoires ont été publiés 3 fois dans la seconde partie de notre siècle :

1° En 1857, *Tenant de Latour* les donna dans les *Œuvres complètes de Racan*, Bibl. elzévirienne, t. I, p. 251-289. Il avait le mérite de suivre un manuscrit qu'il avait retrouvé à la Bibl. Nat. : malheureusement il laissa échapper, en le copiant, un assez grand nombre d'inexactitudes.

2° En 1862, M. *Ludovic Lalanne* publia du même ms. une recension beaucoup plus fidèle dans les *Œuvres complètes de Malherbe*, collection des Grands Ecrivains de la France, t. I, p. LXI-LXXXVIII.

3° En 1874, M. *Becq de Fouquières* publia de nouveau les Mémoires en tête de son volume des *Poésies de Malherbe*, p. XIII-XXXIV. Il y ajoutait des rapprochements intéressants tirés de Tallemant des

Réaux et de Balzac ; mais il ne fait guère que reproduire le texte de 1862 avec quelques corrections que pour la plupart M. Lalanne avait indiquées lui-même, et il retranche un certain nombre de notes de son prédécesseur. Cette édition, qui donne en un volume ordinaire toutes les œuvres poétiques de Malherbe, est sobre et pratique pour les gens du monde ; mais elle ne constitue pas un progrès réel au point de vue spécial de l'établissement du texte des Mémoires. C'est donc à celui de M. Lalanne, celui de 1862, que nous renverrons au cours de ce travail.

Les trois éditions de 1857, 1862 et 1874, on le voit, ont été faites sur le même ms. : c'est celui de la Bibl. Nat., autrefois ms. de M. L. Bigot 360, aujourd'hui : Fonds français n° 6.002, 13 feuillets in-4°.

Après un examen attentif, l'inventeur, Tenant de Latour, s'était « profondément convaincu qu'il présente le véritable texte des Mémoires pour la Vie de Malherbe, sans lacune, et surtout sans aucune adjonction » *Racan*, t. I, p. XII.

M. Lalanne (*Malherbe*, t. I, p. LXII) le croit « contemporain de Racan » et estime « que c'est bien là, sans altération ni interpolation, le véritable texte sorti de la plume de l'élève chéri de Malherbe ».

Nous ajouterons à ces témoignages un autre tout personnel : nous avons eu la bonne fortune de découvrir quelques lignes de l'écriture de Racan, dont on n'avait jusqu'ici aucun échantillon certain, et en les rapprochant du ms. de la Bibl. Nat., il nous a paru écrit très probablement de la main même du poète [1].

Tel a été jusqu'à ces dernières années le seul manuscrit connu des Mémoires de Racan pour la Vie de Malherbe. Il en existe pourtant un autre.

II

Le nouveau manuscrit de l'Arsenal.

Vers 1858, l'infatigable *Bibliophile Jacob*, en dépouillant les 49 volumes mss. de Conrart, à la Bibl. de l'Arsenal, rencontra dans l'un d'eux une série d'anecdotes sur Malherbe, et il les signala ainsi en 1862 dans son catalogue du Recueil Conrart, *Cabinet historique*, t. VIII, 2e pie, p. 223 :

« VIIIe Recueil... pièce 22 : De la main de Conrart. Mémoire concernant maître François de Malherbe. »

M. Lalanne ayant publié, cette même année, son édition des Œuvres de Malherbe, le Bibliophile identifia son ms. avec les *Mémoires de Racan pour la Vie de Malherbe*, et reconnut que c'en était une copie faite par Conrart : seulement elle contenait des anecdotes supplémentaires. En 1865, il envoya quelques-unes

(1) Il semble aussi être de la même écriture que la Notice généalogique sur la fam. de Bueil, qui est attribuée en toute probabilité à Racan (Bibl. Nat., ms. fr. 20.786, fo 438 et ss.). Elle a été publiée en 1889 par M. Camille Favre dans son édition du *Jouvencel*, de Jean de Bueil, t. II, p. 423. — Nous ne parlons pas du ms. de la lettre que Latour a publiée comme une lettre de Racan au chancelier Séguier (t. I, p. 318) et qui n'est certainement pas de lui, ainsi que nous le montrerons ailleurs.

d'entre elles à son ami, M. Edouard Fournier, pour le recueil qu'il venait de fonder, *La Revue des Provinces*, essai de « décentralisation littéraire et scientifique ». Annotées par M. Fournier lui-même, elles parurent dans le numéro du 15 mars 1865. Malheureusement les feuillets qui portaient les anecdotes les plus intéressantes avaient échappé au Bibliophile, et la copie qu'il avait envoyée des autres était fort peu précise.

D'ailleurs cette publication provinciale cessa de vivre après deux ans et demi d'existence [1], et dès 1866 l'attention des lettrés perdit de vue le précieux ms. de l'Arsenal.

Il fallait en quelque sorte le retrouver. C'est ce que fit, vers 1880, notre savant maître, *M. Auguste Bourgoin*, à présent professeur au lycée Michelet, lorsqu'il préparait sa thèse sur *Valentin Conrart*. Dès qu'il sut que nous préparions la nôtre sur Racan, en 1890, il eut la générosité de nous confier sa découverte.

Cependant *M. Ferdinand Brunot*, aujourd'hui maître de conférences à la Sorbonne, qui accumulait des documents pour sa remarquable thèse sur *La Doctrine de Malherbe*, feuilletait le ms. de son côté, et, sachant que nous nous en proposions la publication, il en usait avec une grande discrétion.

Nous unissons dans les mêmes remercîments mes-

[1] Elle a été publiée du 16 octobre 1863 au 15 juin 1866, à Paris. Les deux premiers volumes ont paru sous le titre de « la Décentralisation ». — Elle est aujourd'hui fort rare, et nous avons appris son existence il y a quelques jours seulement.

sieurs Bourgoin et Brunot, dont le désintéressement nous permet aujourd'hui de publier enfin les parties nouvelles de ce ms., qui ont passé depuis 35 ans par tant de traverses [1].

Nous en avons détaché pour la *Revue bleue* du 3 décembre 1892 les anecdotes qui pouvaient le mieux intéresser le grand public : nous les livrons toutes aujourd'hui au monde savant.

*
* *

Description du volume.

Ce volume porte au dos : *Huitième Recueil de Conrart, 1° Protocole.* C'est, dans l'ancien catalogue de l'Arsenal, le 177-178 de la Jurisprudence française, aujourd'hui 2667.

Les trois parties qui le composent et qui ont chacune leur numérotation spéciale contiennent surtout des pièces de jurisprudence : dans la 3e partie seulement sont comme égarées quelques pièces littéraires. Le 9° de cette dernière partie est inscrit dans le nouveau catalogue des mss. de l'Arsenal, dû à M. Henry Martin, t. III, p. 68, sous ce titre : « Vie de François Malherbe, extraite en partie des Mémoires de Racan ». Il va de la p. 205 à la p. 236.

(1) Puisque nous payons nos dettes, nous adressons notre cordiale reconnaissance à notre ami, M. Louis Flandrin, le modeste et excellent professeur agrégé du lycée de Tours, qui nous a rendu le signalé service de revoir notre travail avec compétence ; — et aussi à M. S., dont le cœur dévoué et l'esprit élégamment cultivé, comme on n'en rencontre plus guère, sont prodigues envers nous d'encouragements précieux et de fins conseils.

Le papier a 263 sur 193 millimètres.

L'écriture du volume appartient au XVIIe siècle ; celle de notre pièce, comme l'avait bien vu le Bibliophile, est de Conrart lui-même, de son écriture soignée, élégante et posée, et non pas de son écriture hâtive, irrégulière et abrégée, dont il a écrit les pièces suivantes.

La reliure du volume est en parchemin de la fin du XVIIe siècle.

*
* *

Son histoire.

L'histoire de ce volume, comme celle des 48 autres du Recueil Conrart, va être, nous le savons, éclairée sous peu par M. Henry Martin dans le tome VIII de son catalogue, qui sera consacré à la formation du cabinet des manuscrits de l'Arsenal. L'érudit et aimable conservateur se propose de nous expliquer comment cette collection dut passer de la famille protestante de *Conrart* dans celle de son coreligionnaire *Milsonneau*, et de celle-ci, au XVIIIe siècle, dans les mains de *M. de Paulmy*, qui semble avoir distingué les parties littéraires de ce volume de droit, puisqu'il l'avait rangé dans son catalogue à l'*Histoire littéraire*, n° 684.

On peut déjà consulter sur cette histoire l'ouvrage de M. Auguste Bourgoin : Un bourgeois de Paris lettré au XVIIe siècle. *Valentin Conrart et son temps.* Paris, Hachette, 1883 : on trouvera au chap. VII, p. 196-210 une étude fort intéressante sur « les Recueils manuscrits de Conrart ».

III

Comparaison des deux manuscrits. Analyse de A.

Si nous comparons maintenant le ms. de l'Arsenal que nous désignerons par la lettre A (Arsenal) avec celui de la Bibl. Nat., que nous appellerons N (Nationale), nous constatons que A est une copie fidèle de N, faite par Conrart qui l'a augmentée lui-même de 4 additions importantes :

L'addition I occupe les pages 213 et 214, c'est-à-dire les deux côtés d'un feuillet en entier. On y remarque plusieurs encres différentes : ce détail infime est essentiel, comme nous le verrons tout à l'heure.

L'addition II couvre un feuillet sur une page et demie, p. 223 et 224. La seconde moitié de cette page est restée en blanc. Au commencement de l'addition, p. 223, est inscrite cette manchette en marge : « Cecy n'est pas des Mémoires de M. de Racan. » On note plusieurs encres différentes, et de plus un changement d'encre avec ce qui précède.

L'addition III, la plus considérable, remplit deux feuillets au complet, p. 229, 230, 231, 232, cette dernière page écrite très bas par Conrart, si bas même que le couteau du relieur a tranché la fin de la dernière anecdote. Traces de plusieurs encres différentes.

Enfin l'addition IV se compose de deux anecdotes,

que l'académicien a rajoutées d'une autre encre tout à la fin de sa copie, p. 236.

En dehors de ces quatre additions bien nettes, une collation attentive des deux mss. ne nous a révélé que des variantes insignifiantes portant sur un mot changé on interverti, sur l'orthographe et sur la ponctuation.

De cette minutieuse analyse il nous est déjà permis de tirer plusieurs conclusions importantes :

1° Nous ne sommes pas à l'Arsenal en présence d'une *autre* rédaction des Mémoires de Racan pour la Vie de Malherbe, mais d'une copie *complétée*.

2° Ce complément s'est effectué en 4 endroits bien distincts, et il a été écrit ou sur des feuillets spéciaux ou bien à la suite de la copie.

3° Ces quatre additions n'ont point été rédigées en même temps que le reste, comme en témoignent le changement d'encre, la demi-page blanche laissée à la suite de l'addition II, le chargement excessif de la dernière page de l'addition III.

4° Chacune des trois premières additions, qui sont de beaucoup les plus considérables, n'a pas été composée en une fois, ainsi que l'indique en chacune d'elles la diversité des encres.

*
* *

Rédaction de A. — Intercalations.

Nous pouvons à présent, ce me semble, reconstituer la manière dont Conrart dut procéder à la rédaction de son manuscrit.

Il emprunta le ms. des Mémoires, que Racan venait de rédiger pour Ménage, et il le copia avec le plus grand soin de sa propre main. Dans la suite, il apprit de nouveaux traits sur Malherbe, et, comme il était très collectionneur, il les nota à mesure, soit à la fin de sa copie, soit sur des feuillets spéciaux qu'il intercala dans le corps de son ms. En soudant ainsi avec le reste le second de ses suppléments, il prit le soin de noter en tête que cela ne faisait pas partie *des Mémoires de M. de Racan :* il négligea cette précaution pour les autres suppléments.

Leur ordre.

Mais alors, si Conrart a fait après coup quatre insertions distinctes dans sa copie, quel plan a-t-il donc suivi ? par quelles raisons a-t-il été guidé dans le choix des diverses places à leur attribuer ?

Remarquons tout d'abord qu'il ne pouvait s'astreindre à un ordre rigoureux, parce que les trois premiers suppléments, étant écrits sur des feuillets spéciaux, ne pouvaient être intercalés qu'en certains endroits déterminés, après un feuillet où le sens finît avec la page, afin de ne pas couper en deux une anecdote.

Il était d'ailleurs en droit de suivre le laisser-aller dont Racan lui-même lui donnait l'exemple. Celui-ci, en effet, se montrant plus nonchalant que jamais dans ces simples notes envoyées à un ami, avait commencé par parler des débuts de la vie de son maître, et de son arrivée à la Cour (Lal. p. LXIII-LXVI) ; puis (c'est la partie la plus considérable) il s'était mis sans ordre à répéter ses « bons mots » et à noter ses goûts, particulièrement en matière de poésie (p. LXVII-LXXX) : au milieu de cette seconde partie, Conrart rajoute deux pages d'anecdotes sur les premiers vers et sur les jugements littéraires de Malherbe (Addition I toute littéraire), puis à la fin de la même partie il intercale les boutades politiques et religieuses (Addition II, première série de *mots*). — Racan passait ensuite aux disciples de Malherbe, disant surtout ses propres rapports avec son maître (p. LXXXI-LXXXVII), et en se répandant sur les critiques que lui lançait Malherbe, il revenait à donner une suite de « bons mots » à l'emporte-pièce. Ici Conrart ajoute à son tour une seconde série de *mots* de Malherbe (Addition III). — Enfin Racan contait, dans la dernière page (LXXXVIII), la mort de son maître : Conrart profite de la demi-page blanche qui lui reste pour y inscrire deux nouvelles anecdotes qu'il a apprises sur cette mort (Addition IV relative à la mort de Malherbe).

L'auteur des passages intercalés : discussion.

Reste un dernier petit problème essentiel à résoudre : quel est l'auteur de ces 34 anecdotes supplémentaires ? C'est bien Conrart qui les a rédigées ; mais de qui les tenait-il ?

La question est d'autant plus complexe que Conrart, nous l'avons vu, les nota en maintes fois diverses. Elles sont donc probablement d'origines différentes, et il est nécessaire de les disjoindre pour les examiner chacune à son tour. La discussion où nous nous engageons à présent ne peut donc être que le groupement rationnel des solutions particulières que nous proposons dans la suite pour chaque anecdote; et sa place naturelle, nous le savons, serait plutôt à la fin de la brochure; mais nous n'avons pas voulu, d'autre part, séparer les parties de cette Introduction, qui se renvoient une mutuelle lumière. Nous engageons donc le lecteur qu'intéresse la question, à vouloir bien relire cette dernière partie après avoir pris connaissance de toutes les anecdotes et des notes dont nous les accompagnons.

Pour déterminer l'origine de nos historiettes, nous demanderons successivement des indications au *sujet* sur lequel elles roulent, au *ton du récit* et aux *tours* de phrases, puis nous en chercherons les traces dans les *auteurs contemporains*; enfin nous interrogerons les deux *savants modernes* qui ont eu, il y a trente ans, connaissance de quelques-unes.

1. *Le sujet.*

Nous commençons par l'examen du *sujet.*

On constatera que, à ce point de vue, l'anecdote 8 dut être rapportée à Conrart par son ami Chapelain, 23 et 34 par sa coreligionnaire, Mme des Loges, — 5, 16 et 18 par la marquise de Rambouillet.

Mais ces trois personnages mis à part, nous sommes frappés de voir que sept anecdotes de notre supplément, parmi lesquelles les plus considérables (7, 14, 20, 24, 25, 30 et 31), doivent être attribuées *sûrement* à Racan.

Il en est onze qui viennent *probablement* encore de lui ; ce sont 1, 2, 3, 10, 11, 17, 22, 26, 27, 28 et 33.

Il en reste dix, à savoir 4, 6, 9, 12, 13, 15, 19, 21, 29 et 32, dont l'attribution reste douteuse, mais ne souffre aucune difficulté de lui être encore rapportée.

La simple inspection du sujet met donc *Racan* au premier rang comme auteur des anecdotes.

2. *Le ton du récit.*

Le *ton du récit* nous fournit-il quelques indications ?

Il est toujours très hasardeux, nous ne l'ignorons pas, de fonder des attributions sur de simples caractères littéraires. Pourtant la manière de conter de Racan se dessine nettement dans les Mémoires, — tranquille, traînante, souvent naïve, s'attardant sur des détails inutiles qui allongent les phrases, sentant sous Louis XIV son XVIe siècle, et formant un piquant contraste, comme nous le noterons maintes fois dans le récit des mêmes traits, avec Tallemant des Réaux, bref, nerveux, vif et courant au mot de la fin.

La manière de Racan se reconnaît dans la plupart de ces anecdotes, qui ne forment nul changement de ton avec celles qui les entourent et qui sont authentiquement du languissant conteur. L'impression est frappante, par exemple, pour 1, 13 et 32, trois de celles qu'avait laissées incertaines l'étude seule du sujet.

3. *Les tours de phrases.*

En 3e lieu, il est même certains *tours de phrases* particuliers, certaines formules de narration aimées par Racan dans les Mémoires, qui sont reproduites presque textuellement dans nos anecdotes. En voici quelques exemples :

I. Mémoires. Lal. LXXII : « *M. de Malherbe, qui étoit présent,* lui dit assez brusquement... »

An. 12 : « *M. de Malherbe, qui estoit présent,* ... s'écria tout à coup... »

II. Mémoires, LXXIII et passim : « ... Il répondit brusquement, à son ordinaire... »

An. 28 : « M. de Malherbe luy répondit brusquement, à sa façon ordinaire... »

Et an. 31 : « M. de Malherbe répondit brusquement, selon sa coustume... »

III. Mém. LXXX : « Quand on le reprenoit *de ne suivre pas bien le sens des auteurs qu'il traduisoit ou paraphrasoit...* »

An. 10 : « Quand il montroit quelque Pseaume qu'il avoit mis en vers, et qu'on lui marquoit des endroits *où il n'avoit pas suivy le sens de David...* »

IV. Mém. LXXX : « Il disoit souvent qu'il n'apprêtoit pas..., *comme s'il eût voulu dire...* »

An. 3 : « Il mettoit à la marge.... *comme s'il eust voulu dire...* »

V. Mém. LXXXVIII : « *On dit* qu'une heure avant que de mourir.... il se réveilla pour reprendre son hôtesse... »

An. 33 : « *On dit* qu'à sa mort il vouloit que son valet.... »

Ces deux *on dit* jumeaux, qui se font suite dans le ms. de Conrart, ne nous surprennent point après ce qui précède : « Racan n'assista point à la mort de Malherbe.... et il n'en a su que ce qu'il en a ouï dire à M. de Porchères d'Arbaud... » Il est très probable qu'ils viennent tous deux de la même source, seulement Racan écrivit lui-même le premier dans les Mémoires, au lieu que le second, il ne fit que le rapporter de vive voix à Conrart.

4. *Les Témoignages des Contemporains.*

Si nous interrogeons maintenant les écrivains contemporains de Conrart, nous recueillerons deux importants témoignages qui viennent confirmer notre opinion.

1° L'an. 22, l'une des plus longues, qu'une simple présomption fondée sur le sujet nous avait fait attribuer à Racan, se trouve rapportée par *Ménage*, qui en commence le récit par ces mots : « J'ay ouï dire à M. de Racan que... » Poésies de Malherbe, p. 513.

2° *Tallemant des Réaux*, qui reproduit dans son historiette de Malherbe un grand nombre de nos anecdotes supplémentaires en même temps que les autres, en leur faisant quelque toilette, termine par cette affirmation caractéristique, I. 301 : « Racan, de qui j'ay eu la plus grande part de ces mémoires... » Il est aisé de s'apercevoir que le reste dut lui venir de Mme de Rambouillet.

5. *Les Opinions modernes.*

Enfin, qu'il nous soit permis de nous appuyer en dernier lieu sur l'autorité des deux savants qui donnèrent en 1865, comme nous l'avons dit, la primeur de ces anecdotes.

Voici comment s'exprimait le Bibliophile Jacob (*Revue des provinces*, 15 mars 1865, p. 519) : « Je ne doute pas que ces passages... ne soient bien réellement de Racan, quoique Conrart ait écrit, à une date postérieure, en tête du premier fragment : « Cecy n'est pas des Mémoires de M. de Racan ». Serait-ce là une interpolation de Ménage ? » — Nous avons donné une explication de ce mot (p. 14).

M. Edouard Fournier confirmait de son côté en note l'opinion du Bibliophile : « Je ne doute pas, quant à moi, que ces anecdotes ne viennent de Racan, d'abord parce qu'il y figure plus d'une fois lui-même, comme on le verra, ensuite parce que Tallemant des Réaux, qui les a données presque toutes, les reproduit sans distinction, avec celles qu'il nous a dit tenir de Racan en personne ».

Conclusion.

Tout concourt donc, on le voit, la physionomie du ms., le sujet, le ton et le tour des anecdotes, les témoignages des contemporains et les premières hypothèses des savants modernes, pour attribuer à Racan la majeure partie de notre Supplément. Accordons en définitive 1 anecdote à Chapelain, 2 à Madame des

Loges, 3 à la marquise de Rambouillet : les 28 autres, ou peut s'en faut, doivent venir du disciple de Malherbe ; et Conrart, l'homme de goût par excellence, a complété par du Racan oral les Mémoires écrits de Racan.

*
* *

Objection.

Mais il reste une dernière objection. Si ces anecdotes sont bien de Racan, pourquoi donc ne les a-t-il pas jointes lui-même aux autres dans son manuscrit des Mémoires ?

L'Hypothèse du Bibliophile Jacob.

Le Bibliophile Jacob en donnait l'explication suivante dans sa lettre à M. Ed. Fournier (*Revue des provinces*, p. 519) :

« Voici comment j'expliquerai la chose, si l'on me permet de recourir à une conjecture : Ménage prêta le manuscrit original à Conrart, dès que ce manuscrit lui eut été remis par Racan ; la copie faite, le manuscrit rendu à Ménage, Racan se ravisa, et, par des motifs personnels que nous ne saurions apprécier, supprima dans son ouvrage un certain nombre d'anecdotes qui avaient été désagréables à quelqu'un. Plus tard, ces suppressions ayant été signalées à Conrart, il aura écrit la note qui les désavoue au nom de Racan. Vous trouverez peut-être une raison meilleure que celle que je vous donne là, parce qu'elle est par une simple supposition (*sic*) que je place ici en manière de pierre d'attente. »

Cette ingénieuse hypothèse est inadmissible à cause des indices manifestes d'une intercalation postérieure de ces anecdotes dans la copie des Mémoires rédigée par Conrart.

Nouvelle hypothèse.

Ce qui est beaucoup plus probable, c'est que Racan ne les avait point écrites avec le reste. Pour les unes, comme 16 et 30, une juste retenue l'en avait empêché. La prudence politique et religieuse au temps de la Fronde dut le garder de 14, 24, 31 et 33. Le respect du grand Condé lui dicta le silence sur 12, celui de des Yveteaux sur 15, et s'il avait rapporté bonnement bien des rudesses de son maître, il dut juger inutile de répéter les mauvais vers de sa jeunesse ou les parodies qui avaient fait rire à ses dépens : tel est le cas de 1, 17, 20, 22; sans compter les anecdotes, telles que 7 et 20, qui ne nuisaient pas précisément à Malherbe, mais étaient loin de rien ajouter à sa gloire.

Enfin, pour les autres qui font le plus grand nombre, peut-être même pour celles dont nous venons de parler, il convient d'invoquer tout simplement l'oubli, raison pleinement valable avec un « maistre resveur [1] » comme Racan, qui oublia tant dans sa vie parce qu'il manquait et de mémoire et d'attention.

A qui de nous d'ailleurs n'arriverait-il pas, si on

[1] Tall. II, 361.

lui demandait ses souvenirs, consistant surtout en bons mots, sur une personne morte depuis vingt ans, d'oublier la moitié de ce qu'il sait et de retrouver le reste quand il n'en serait plus temps ?

Tous ces détails que Racan avait réservés ou qu'il retrouvait partout dans sa mémoire, il ne se fit pas faute, étant grand conteur par nature, de les conter à ses amis tels que Ménage, Conrart et Chapelain, avec qui il était très lié précisément vers ces années 1650-55, comme le prouvent les cinq charmantes et confiantes lettres qu'il leur adresse à cette époque (Racan, t. I, p. 319-359). Ils durent eux-mêmes l'interroger plus d'une fois, eux, plus jeunes que lui, avides de tous les détails concernant le poète illustre des premières années du siècle. Et alors Ménage en 1666, dans son édition de Malherbe, à laquelle il pensait depuis 20 ans, profita de « ce qu'il avait ouï dire à M. de Racan », et Tallemant des Réaux, qui avait eu connaissance de tous les détails sur Malherbe, et de ceux qui étaient manuscrits, et de ceux qui étaient oraux, en fit en 1657 son Historiette sur le maître : quant à Conrart, qui notait tout dans ses papiers, il inséra entre 1650 et 60, quelques feuillets intercalaires dans sa copie des Mémoires, se faisant ainsi en quelque sorte le fidèle secrétaire de Racan.

* * *

Notre Titre.

On comprend donc à la fin par quelles raisons se justifie le titre que nous avons cru pouvoir donner à cette publication : *Supplément de la Vie de Malherbe par Racan*, et qui n'est que l'abrégé du véritable titre complet : *Supplément, venant de Racan et rédigé par Conrart, des Mémoires de Racan pour la Vie de Malherbe* (1).

*
* *

Classement des deux manuscrits.

Il n'en reste pas moins vrai qu'entre les deux mss. si A est plus complet et plus intéressant, N reste le premier au point de vue de la valeur originelle : c'est le vrai ms. des Mémoires, tel qu'il est sorti des mains de Racan ; c'est d'ailleurs celui qui a été reproduit dans les éditions imprimées dès 1672.

Si l'on donne quelque jour une nouvelle édition des Mémoires, il conviendra donc de s'en rapporter encore au texte de N (2), en intercalant toutefois les anecdotes supplémentaires de A, mais sans les fondre entiè-

(1) Voici pour l'ensemble du ms. le titre que nous nous permettons de proposer à M. Henry Martin, en vue de la seconde édition de son catalogue : au lieu de *Vie de François Malherbe extraite en partie des Mémoires de Racan*, ne serait-il pas plus juste de mettre : *Vie de François Malherbe, copie des Mémoires de Racan pour la Vie de Malherbe, augmentée de Suppléments par Conrart ?*

(2) Il y aura peu à faire pour amender le texte donné par M. Lalanne ; nous indiquons pourtant au futur éditeur deux corrections : 1° p. LXVII, l. 9 : « il lui ouvrit *un* Ovide », et non son Ovide ; — 2° m. p., l. 24 : « qui avoit son *placet* (son tabouret) auprès de la Reine », et non son placer. M. Becq de Fouquières a déjà fait d'ailleurs dans son texte cette dernière correction.

rement avec le reste, afin de maintenir toujours la distinction entre le texte direct et authentique de Racan et l'écho de ses conversations répété par Conrart.

IV

Mode de publication des anecdotes.

Nous donnons à présent les 34 anecdotes supplémentaires.

Nous leur avons rigoureusement conservé l'ordre du ms., ainsi que le groupement qu'elles y forment en quatre additions distinctes et inégales :

Addition I, *littéraire* — anecdotes 1 à 11.

Addition II, 1re série de « *bons mots* » — anecd. 12 à 16.

Addition III, 2me série de « *bons mots* » — anecd. 17 à 32.

Addition IV, relative à la *mort* de Malherbe, — anecd. 32 à 34.

Nous avons nécessairement omis une anecdote inédite qui se trouve à la p. 218 du ms., — qui se place après ces mots: «... venu d'un valet de chambre ou d'un violon » Lal. p. LXXVI, et commence ainsi : « Il disoit quelquefois... » : elle se trouve également dans N et n'a jamais été publiée à cause de sa grossièrcté.

Nous avons scrupuleusement respecté, dans le texte des anecdotes, l'orthographe même de Conrart et sa ponctuation, y compris son flagrant abus des virgules.

Nous nous sommes permis une seule chose, pour la facilité des futures références : c'est, en même temps que nous numérotions les anecdotes, de leur donner à chacune un titre, le cherchant non point pittoresque, ce qui eût été facile avec Malherbe, mais aussi exact que possible.

Enfin on trouvera à la suite de chaque anecdote une notice critique comprenant strictement les rapprochements et les explications qui nous ont paru nécessaires pour comprendre et apprécier l'anecdote.

Telles que nous les donnons, nous croyons qu'elles peuvent offrir aux érudits et aux lettrés un double intérêt, comme source de Tallemant des Réaux et à titre de nouveaux documents pour connaître Malherbe et son temps.

Puissions-nous par ce petit travail apporter notre modeste pierre — (souhaitons que Malherbe ne l'eût pas traitée de *moilon*, voir an. 3) — au monument nouveau, que la critique de notre fin de siècle, guidée moins par l'enthousiasme que par la réflexion, est en train d'édifier au vieux poète (1) !

Au VIVIER *près Reims, le* 1er *Janvier* 1893.

---

(1) *M. E. Roy* en a posé une pierre en publiant : *Une pièce inédite de Malherbe*. Paris, Ern Leroux. 1888. *M. Armand Gasté* a continué par *La Jeunesse de Malherbe*, 1890.

— En 1891, article curieux de *M. N. Weiss* sur *La Religion du poète Malherbe*, dans le Bulletin de la Société de l'Histoire du protestantisme, t. XL, p. 387. Puis sont venues les pierres de taille du monument, les deux thèses considérables sur Malherbe : 1891, *La Doctrine de Malherbe par M. Ferdinand Brunot*, et 1892 * *Malherbe et la poésie française à la fin du 16e siècle, par M. Gustave Allais.* Ces travaux ont été complétés, dans le courant de l'année 1892, par la *Versification de Malherbe*, de *M. Maurice Souriau*, parue dans le Bulletin de la Faculté des Lettres de Poitiers, nos de mars, mai, juin, juillet-septembre, octobre et décembre 1892, et publiée en brochure au mois de novembre 1892. Il faut compter encore, toujours dans la même année 1892, de nombreux articles, dont les deux principaux sont celui de *M. Ch. Dejob : L'antipathie contre Malherbe*, Revue internationale de l'enseignement, 15 mai 1892, et celui de *M. Brunetière : La réforme de Malherbe et l'évolution des genres.* Revue des Deux-Mondes, 1er décembre 1892.

Nous profitons de l'occasion pour recommander un très ancien article peu connu, qui est ce que nous savons de meilleur, comme « Vie de Malherbe » : *Malherbe, par Antoine de Latour.* Revue des Deux-Mondes du 15 août 1834. Il y a là 25 pages charmantes et vivantes, écrites d'après les Mémoires de Racan et les Historiettes de Tallemant des Réaux. C'est justement ce que Ménage aurait dû faire deux siècles auparavant avec les notes qu'il avait demandées à Racan. Nous souhaiterions que cette étude fût réimprimée en une petite brochure pour être mise entre les mains de nos collégiens et de tous les amis des lettres, qui y trouveraient à la fois plaisir et fruit.

* Cette date nous paraît être la véritable, bien que le volume soit marqué 1891, comme on le verra à la page suivante : la thèse en effet n'a été soutenue en Sorbonne que dans l'année scolaire 1891-1892, le 16 décembre 1891, et par conséquent, l'ouvrage n'a été mis en pleine lumière qu'en 1892.

LISTE DES AUTEURS

OUVRAGES, ÉDITIONS ET ARTICLES LE PLUS SOUVENT CITÉS

ALLAIS (Gustave), maître de conférences à la Faculté des lettres de Clermont-Ferrand. *Malherbe et la poésie française à la fin du XVIe siècle (1585-1600)*. Thèse pour le doctorat, Paris, Ernest Thorin, 1891.

BRUNETIÈRE. *La réforme de Malherbe et l'évolution des genres*, article de la *Revue des Deux-Mondes*, du 1er décembre 1892.

BRUNOT (Ferdinand), chargé d'un cours complémentaire à la Faculté des Lettres de Lyon. *La doctrine de Malherbe* d'après son Commentaire sur Desportes. Thèse, Paris, G. Masson, 1891.

GASTÉ (Armand), professeur à la Faculté des lettres de Caen. *La Jeunesse de Malherbe* (Documents et vers inédits), br. de 56 p. Caen, Henri Delesques, 1890.

MALHERBE (Œuvres complètes de) recueillies par L. Lalanne. 5 vol. Coll. des Grands Écrivains de la France, Paris, Hachette, 1862.

MÉMOIRES de Racan pour la Vie de Malherbe. Malherbe, éd. Lalanne, t. I, p. LXI-LXXXVIII : *Vie de Malherbe*.

MÉNAGE. *Les poésies de M. de Malherbe avec les Observations de M. Ménage*, éd. originale. A Paris, chez Thomas Jolli, M.DC.LXVI.

RACAN (Œuvres complètes de). Nouvelle édition revue et annotée par M. Tenant de Latour. 2 vol. Bibl. elzévirienne, à Paris, chez P. Jannet, MDCCCLVII.

Revue bleue du 3 décembre 1892, p. 727-733. *Un reporter au* XVIIe *siècle. — Anecdotes inédites de Racan sur Malherbe*, par M. Louis Arnould.

Revue des provinces. Décentralisation littéraire et scientifique Paris, bureaux du Journal, impasse des Filles-Dieu, 5, nº du 15 mars 1865, p. 518-528. *Anecdotes inédites de Racan sur Malherbe*, avec des notes, par le Bibliophile Jacob et Edouard Fournier.

SAINTE-BEUVE. *Nouveaux Lundis*, t. XIII, 1870. Malherbe, p. 356-424.

SOURIAU (Maurice), professeur à la Faculté des lettres de Poitiers. *La Versification de Malherbe*, br. gr. in 8°, 102 p. Poitiers. 1892.

TALLEMANT DES RÉAUX (*Les Historiettes* de). Troisième édition, in-8° par MM. de Monmerqué et Paulin Paris. Paris, J. Techener, MDCCCLIV.

ADDITION I

LITTÉRAIRE

(ANECDOTES 1 A 11)

ADDITION I (P. 213-214). Elle se place après « ... il ne s'estoit point aperçu qu'elle se fust enlevée hors de sa place » (Mém., p. LXXI, au bas.)

Les premiers vers de Malherbe.

Anecdote 1. (P. 213.) Ses premiers vers estoyent aussi mauvais, que les autres ont esté bons. Il fit une Elégie, estant encore fort jeune, sur la mort d'une fort belle fille, qui estoit sa Parente, laquelle commençoit ainsi,

Donques tu ne vis plus, Geneviève, et la mort, etc.

Mais ayant leu les ouvrages des bons Poëtes, et profité de la conversation de plusieurs de ses Compatriotes, qui faisoyent fort bien des vers, il changea bientost de style, et ne se contenta pas de les égaler, mais il les surpassa tous en la beauté de l'expression, et en la manière de bien tourner les vers, comme ils l'avouöyent eux-mesmes. Ce changement parut en un (*sic*) Epitaphe qu'il fit pour un de ses oncles, frère de sa mère, nommé M. d'Is, Lieutenant criminel à Caen. Comme c'estoit un homme de réputation dans la ville, et fort considéré dans sa famille, la Mère de M. de Malherbe l'avoit pressé plusieurs fois de faire des vers sur sa mort ; de sorte que pour se délivrer de ceste importunité, il fit en fin ce Sizain, comme par dépit :

Icy dessous gist Monsieur d'Is,
Pleust or à Dieu qu'ils fussent dix,
Mes trois Sœurs, mon Père et ma Mère,
Le grand Eléazar mon Frère,
Mes trois Tantes et monsieur d'Is ;
Vous les nommé-je pas tous dix ?

*
* *

Conrart, qui avait pris soin de copier l'élégie, en parla au chanoine Maucroix, qui en parle à son tour à Boileau dans une lettre du 23 mai 1695, n'en citant que le premier vers qu'il estropie d'ailleurs. Conrart la montra sans doute aussi à Tallemant : « Les premiers vers de Malherbe, dit celui-ci, t. 1, p. 272, estoient pitoyables ; j'en ay veû quelques-uns, et entre autres une élégie qui débute ainsi :

Doncques tu ne vis plus, Genevicfve, et la mort
En l'avril de tes ans, te monstre son effort, etc. »

Elle a été retrouvée en 1888 dans les papiers de Conrart par M. E. Roy qui l'a publiée pour la première fois : *Une pièce inédite de Malherbe. Paris, Ern. Leroux.* Elle porte pour titre dans le manuscrit : *Larmes du sieur Malherbe*. — Le savant professeur de la Faculté de Caen, M. Armand Gasté, a reconstitué d'une façon très vivante ce drame de famille qui attrista la ville de Caen, cette jeune fille tuée à 24 ans par la calomnie : voir *la Jeunesse de Malherbe*, br. de 56 p., Caen, 1890, ch. II. On y trouvera à la p. 37 le texte de cette élégie qui ne comprend pas moins de 160 vers ; remarquons que la véritable leçon du second vers doit être celle de Conrart :

« En l'avril de tes ans a montré son effort »

plutôt que celle de Tallemant citée plus haut. —

En la traitant de « fort belle fille », Conrart se rencontre avec l'oncle de Geneviève, Jean Rouxel : « liberali forma », dit-il dans son épitaphe (cité par Gasté, p. 48).

Un détail nouveau, c'est la parenté de Geneviève et de Malherbe : nous comptons, pour nous l'éclaircir avant peu, sur la sagacité ordinaire de M. Gasté. —

Parmi ces *compatriotes* dont la conversation profita au jeune poète, il faut ranger certainement Vauquelin de la Fresnaye. Voir *Gasté*, et aussi *Gust. Allais, Malherbe et la poésie française à la fin du* XVIe *siècle*. 1891. —

Le sixain, qui était inédit tout comme l'élégie au temps de

Conrart, fut publié par Ménage en 1666 à la fin des Poésies de Malherbe, p. 239, avec ce titre : *Epitaphe de M. d'Is, parent de l'Auteur, et de qui l'Auteur était héritier*. Cf. la notice de Lalanne, Malherbe, t. I, p. 19. Mais on ignorait jusqu'ici que le poète l'eût composé sur la demande de sa mère : cette circonstance en augmente l'impertinence.

C'est ce « grand Eléazar » son frère, avec qui Malherbe fut sans cesse en procès. Racan le dit dans l'anecdote précédente (Cf. Lalanne. p. LXXI, n. 6). Voilà sans doute ce qui donna à Conrart l'idée d'insérer ici cette anecdote.

Elle doit être de Racan, d'abord parce qu'il reçut plus que tout autre les confidences de Malherbe touchant sa jeunesse, 2° à cause du tour général du récit, et de cette naïveté de prouver les progrès poétiques de Malherbe par un mauvais sixain.

Les stances à du Périer.

Anecdote 2. (P. 213.) Il avoit 30. ans quand il fit la pièce qui commence,

Ta douleur, Du Périer, etc.......

*
* *

Cela reporterait la pièce à 1585, tandis qu'elle paraissait être de 1599 (voir Lal. t. I, p. 38 ; Allais, p. 355 et s.). Il y a là un petit problème à résoudre. Peut-être le principal de la pièce fut-il fait en 1585, et Malherbe, après qu'il eut perdu lui-même deux enfants, après 1599, ajouta-t-il les deux strophes finales sur ses propres malheurs (V 65-73).

D'ailleurs, il peut y avoir erreur dans le nombre : en effet, cette anecdote sur la jeunesse de Malherbe vient probablement de Racan, qui donna rarement en sa vie un chiffre exact : cf. dans la 1re page des *Mémoires* (p. LXIII), 17 pour 21, et 9 avec un chiffre en blanc pour 27.

Ce renseignement est reproduit presque textuellement par Tallemant, t. I, 272. Mais pourquoi Paulin Paris metil en marge, pour les 30 ans de Malherbe, 1586 au lieu de 1585 ?

Le Commentaire sur Ronsard.

Anecdote 3. (P. 213.) Il mettoit à la marge de tout ce qui ne luy plaisoit pas dans Ronsard, *Moilon Moilon* ; comme s'il eust voulu dire, que ces endroits la ressembloient au moilon, dont on ne se sert, dans les bastimens, que pour remplir les fondemens, et pour faire des murs ; au lieu que la pierre de taille est ce qui les rend solides et beaux.

*
* *

C'est un trait de plus ajouté à ce que nous savions déjà de la haine de Malherbe pour Ronsard.

Voilà sans doute une des « raisons qu'il cottoit à la marge de *son* Ronsard » (Racan, *Mémoires*, LXXVII). Quel dommage qu'on ne retrouve pas cet exemplaire de Ronsard comme on a fait celui de Desportes !

Ce mot de *moilon* se rencontre souvent dans les marges de Desportes. Il se comprend; mais l'explication donnée par le rapporteur est fautive en un point : l'on ne se sert pas de moellons « pour remplir les fondemens ».

Le trait a dû être rapporté par Racan qui avait feuilleté le Ronsard de Malherbe (Mém. pass. cité). Le style ressemble bien à celui de Racan, et rappelle même tout à fait par le mouvement l'anecdote des Mém. p. LXXX : « Il disoit souvent.... *comme s'il eust voulu dire* qu'il se soucioit fort peu...... »

An. citée par nous dans la *Revue bleue*, p. 731, col. 1.

Une Critique de Virgile.

Anecdote 4. (P. 213.) Il reprenoit beaucoup de choses dans Virgile, entr'autres :

Euboicis Cumarum allabitur oris.

C'est comme si on disoit, *Aux rives françoises de Normandie.*

*
* *

Virg. En. vi, 2.

Tallemant cite la même critique, 1, 276, changeant seulement la Normandie en Paris, et il ajoute : « Ne voyla-t-il pas une belle objection ! » Malherbe prouve en effet par là qu'il n'était pas très versé dans la géographie ancienne, en mettant Cumes en Eubée, tandis que l'épithète désigne, suivant l'habitude virgilienne, les fondateurs de la ville.

Il la prend pour une sorte d'*épithète de nature*, et il ne les aimait pas, allant avant tout à la sobriété et même à l'économie dans le discours, et se mettant par là en pleine réaction contre le XVIe siècle (Cf. Brunot, p. 195 et s., entre autres 204).

Il y avait évidemment incompatibilité d'humeur entre Virgile et Malherbe. Celui-ci lui préférait Stace, Sénèque le Tragique, Horace, Juvénal, Ovide et Martial, comme le rapporte, dans les *Mémoires*, p. LXX, Racan, qui a bien pu fournir aussi cette anecdote.

L'Aminte.

Anecdote 5. (P. 213.) Madame la marquise de Ramboüillet lui ayant demandé ce qu'il estimoit le plus de tous les vers qu'il avoit leus, *J'aimerois mieux*, répondit-il, *avoir fait l'Aminte du Tasse, que tout le reste.*

*
* *

Conrart tenait probablement de la marquise ce jugement, assez surprenant de la part de Malherbe. Tallemant dit simplement (t. I, 276) que *l'Aminte* était le seul ouvrage italien qu'il pût souffrir. Racan (*Mémoires*, p. LXX) nous avait déjà appris le peu de goût de son maître pour les Italiens, qu'il avait cependant commencé par imiter dans les *Larmes de Saint-Pierre*.

Malherbe et le Théâtre.

Anecdote 6. (P. 214.) Une des filles de la Reyne, disoit, en sa présence, à M. de Gombaud, comme on parloit de la difficulté qu'il y a de bien faire une Pièce de Théâtre, Mais que faut-il donc pour en faire une bonne ? Et M. de Gombaud lui ayant répondu qu'il y avoit bien des règles à observer ; Je croy, dit M. de Malherbe, que le jugement me les feroit trouver toutes.

*
* *

Oui, mais il n'aurait pas eu assez d'imagination pour les observer pratiquement dans une œuvre créatrice. Il a fait prudemment de ne point essayer.

Il est curieux de constater que Malherbe a effectué sa réforme en demeurant complètement étranger au théâtre, sans y donner de pièces, sans même s'en occuper théoriquement, au contraire de Ronsard, Boileau, Voltaire, Victor Hugo : c'est là un fait isolé dans notre histoire littéraire. Il a du moins, sans le savoir, préparé les voies au théâtre, comme M. Brunetière vient de le montrer dans son article original de la *Revue des Deux-Mondes* du 1er décembre 1892.

Cette anecdote peut venir soit de Racan qui avait fréquenté la cour en même temps que Malherbe, soit de Gombaud lui-même.

V. *Revue bleue*, p. 731, 2e col.

Lycophron.

Anecdote 7. (P. 214.) Un jour que Racan lisoit Ronsard, en sa présence, ayant rencontré la Chanson qui commence,

> D'un gosier mâche-laurier
> J'oy crier
> Dans Lycophron ma Cassandre.

Il luy demanda si Lycophron estoit une ville ? Il ne lui voulut jamais répondre qu'en le grondant et le traittant d'ignorant; de sorte que Racan demeura dans cette erreur que Lycophron estoit une ville, jusqu'à ce qu'un jour qui fut fort long temps après, comme il estoit chez M. de la Varenne, avec M. de Meziriac, qui le pria de faire apporter de sa Bibliothèque un L*i*cophron (*sic*), pour justifier un passage qu'il avoit allégué ; il reconnut par là, que Licophron estoit un auteur, et non pas une ville.

* * *

Racan prenant Lycophron pour une ville fait bien le pendant — sauf son respect — du singe de La Fontaine prenant le Pirée pour un homme.

La chanson peu harmonieuse de Ronsard est au premier livre de ses *Amours*, édition Blanchemain, t. I, p. 130. En voici la première strophe complète :

> D'un gosier masche-laurier
> J'oy crier
> Dans Lycophron ma Cassandre,
> Qui prophétise aux Troyens
> Les moyens
> Qui les réduiront en cendre.

Scarron a parodié les deux premiers vers de Ronsard au commencement de son poème burlesque de *Typhon* ou la *Gigantomachie*, paru en 1648 :

Je chante, quoy que d'*un gosier*
Qui ne mâche point de Laurier ;
Non Hector, non le brave Enée...

Racan était vraiment bien en droit d'ignorer que Lycophron était un des poètes de l'ancienne Pléiade, et qu'il avait fait un poème intitulé *Cassandre* où Ronsard se plaisait à retrouver sa propre Cassandre.

Cette curieuse anecdote ne peut avoir été rapportée que par Racan, qui y a mis d'ailleurs sa bonhomie et son calme ordinaires.

Voici ce qu'il écrivait trente ans plus tard (et non vingt ans, *Sainte-Beuve*, p. 422) dans une lettre à Chapelain du 25 octobre 1654 : « C'est de quoy j'oserois vous demander raison, si je ne craignois d'avoir une aussi rude réprimande que celle que je reçus du *grondeur et impitoyable silence de Malherbe* quand je pris Lycophron pour la ville où demeuroit Cassandre... » Racan, t. I, p. 349.

V. *Revue bleue*, p. 731, col. 2.

La chanson du Pont-Neuf.

Anecdote **8.** (P. 214.) M. Chapelain le trouva une fois couché sur un lit de repos, qui chantoit une chanson du Pont Neuf, qu'on avoit faite depuis peu, et qui commençoit :

D'où venez-vous, Jeanne ?
Jeanne, d'où venez ? etc...

Il ne se leva point pour le recevoir, qu'il n'eust achevé. Puis, il luy dit, J'aymerois mieux avoir fait cette chanson, que toutes les Œuvres de Ronsard.

*
* *

Cette chanson du Pont-Neuf, ce pont-neuf, comme l'on disait, fut chanté pendant tout le XVIIe siècle : nous en retrouvons le 1er couplet dans la *Comédie de chansons*, donnée en 1640, acte II, sc. 1. Paris, Toussaint Quinet, in-12, p. 36 (cité par Ed. Fournier, dans l'*Artiste*, n° du 15 septembre 1850) :

D'où venez-vous, Jeanne?
Jeanne, d'où venez? —
Je viens de la prairie
Mes vaches garder. —
Vous êtes amoureuse
De votre berger. —

Cette boutade de Malherbe, qui donne un avant-goût de celle d'Alceste disant la chanson du roi Henri, est reproduite presque textuellement par Tallemant (t. I, 288), qui ajoute : « Racan dit qu'il a oüy dire la mesme chose d'une chanson où il y a à la fin :

Que me donnerez-vous?
Je feray l'endormie. — »

L'anecdote peut donc avoir été rapportée à Conrart soit par Racan, soit par Chapelain. —

Ce paradoxe méprisant contre Ronsard est à rapprocher de plusieurs autres traits du même sentiment (V. An. 3 et note).

Malherbe aimait d'ailleurs vraiment les chansons populaires ; M. Ed. Fournier a même retrouvé dans un recueil du temps une chanson poissarde signée de lui, en sept couplets, dont voici le 1er :

Belle, quand te lasseras-tu
De causer mon martyre?
— Je n'ons ni biauté ni vartu ;
Cela vous plaît à dire.
Portez vos biaux discours ailleurs,
Car je n'aimons point les railleurs.

Il la donne dans l'*Artiste* du 15 septembre 1850. Mais M. Lalanne qui la réimprime (*Malh.*, t. I, p. cxx) doute fort de son authenticité, et pense qu'il y a eu, dans le recueil de 1634 où on la trouve, erreur ou supercherie du libraire.

Nul doute que si M. Fournier avait connu la présente anecdote avant de finir sa piquante *Histoire du Pont-Neuf*, Paris, 2 vol., chez Dentu, 1862, il n'eût pas manqué d'ajouter le souvenir de Malherbe à ceux de Boileau, de Molière et de La Fontaine fréquentant le célèbre terre-plein. Il remarque ailleurs (*R. des provinces*, p. 526, n. 2) que le goût de Malherbe pour la chanson populaire est conforme à son habitude de renvoyer « aux crocheteurs du Port-au-Foin..., ses maîtres pour le langage ». Mém. LXXIX. — La réforme de Malherbe fut, en somme, une réaction contre l'aristocratie littéraire de Ronsard ; elle fut démocratique, mais avec les procédés d'un dictateur. Il voulut avant tout faire rentrer la poésie française dans le *naturel*. Il est fâcheux qu'il ne se soit pas plus inspiré pratiquement de la *naïveté* populaire.

Malherbe et l'Elégie.

Anecdote 9. (P. 214.) Quelqu'un lui demandant pourquoy il ne faisoit point d'Elégies, Par-ce, dit-il, que je ne croy pas cela nécessaire, faisant bien des odes ; car qui sait sauter, sait bien marcher.

*
* *

Cette anecdote est reproduite par Tallemant, I, 293, qui par exception n'est point aussi vif.

L'élégie et l'ode sont ici considérées par Malherbe au point de vue de la *versification*. L'élégie est un genre un peu flottant, dont les caractères n'ont jamais été très nettement fixés par les modernes (cf. ce que venait d'en écrire Vauquelin de la Fresnaye dans son *Art poétique* publié en 1612) : Malherbe semble entendre sous ce nom une pièce de sujet triste, et de *vers suivis*, comme ses *Larmes* à Geneviève Rouxel (voir an. 1). Il l'oppose ici à l'ode qui « saute » et bondit par strophes, et l'on voit que cette difficulté même est pour lui un attrait.

Aurait-il su « marcher » avec mollesse, avec grâce dans l'élégie? C'est douteux malgré son succès dans les stances amoureuses qu'il composa pour Alcandre (Henri IV, dont il se fit l'entremetteur poétique) Lal. p. 151-170. Boileau dira bientôt la vérité sur ce genre :

C'est peu d'être poète, il faut être amoureux.

Il est probable que l'orgueil faisait illusion à Malherbe pour l'élégie aussi bien que pour le théâtre (voir an. 6).

Les paraphrases de Psaumes.

dote 10. Quand il montroit quelque Pseaume qu'il avoit mis
214.) en vers, et qu'on lui marquoit des endroits où il n'avoit pas suivy le sens de David, il répondoit, Je ne m'arreste pas à cela ; J'ay bien fait parler le bonhomme David autrement qu'il n'avoit fait.

*
* *

Tallemant, I, 287, rapporte le mot en l'appliquant à un seul psaume : « Je croy bien », dit Malherbe; « suis-je le valet de David ? J'ay bien fait parler le bonhomme autrement qu'il n'avoit fait. »

« Bien... autrement », qui se retrouve dans les deux rédactions, signifie *bien mieux*, comme lorsque nous disons familièrement : « Ce travail sera *autrement* fait par un tel que par un tel ». Ce sens serait à ajouter à l'article *autrement* dans Littré et dans le dictionnaire de l'Académie française, qui mentionnent seulement le sens voisin *bien plus* : *Académie*, édition 1877, « *Ceci est tout autrement important*, est bien plus important. » — Littré, « Tout autrement, beaucoup plus. On ne peut nier que cette méthode de traiter la dévotion n'agrée *tout autrement* au monde que celle dont on se servait avant nous, Pasc. Prov. 9. » Le *Lexi-*

que de la langue de Malherbe (Œuvres, t. V) ne fournit rien à ce sujet. —

Sainte-Beuve donne raison à cette prétention de Malherbe, pour la paraphrase du psaume CXLV :

N'espérons plus, mon âme, aux promesses du monde.

(*Nouveaux Lundis*, t. XIII, 415.)

Malherbe répondait encore aux objections semblables (Racan, *Mém.* p. LXXX) « qu'il n'apprêtoit pas les viandes pour les cuisiniers ». Il est curieux de marquer le seul point sur lequel le rigoureux législateur revendique la liberté du poète.

Racan, qui approuvait fort cette indépendance vis-à-vis des savants, la retournait par moments contre son maître (*Mém.* LXXX) : aussi est-ce lui qui a dû recueillir cette déclaration, tout comme il a recueilli l'autre, d'autant plus qu'elles présentent toutes deux, dans les termes, des ressemblances frappantes. Voir Introd. p. 18 III.

V. *Revue bleue*, 730, col. 2.

Les Pois pilés.

Anecdote **11**. (P. 214.) Les vers qui n'estoyent ni bons ni mauvais, luy déplaisoient extrêmement, et il les appelloit des Pois-pilez.

*
* *

« Bavardages, inutilités », tel est le sens que Malherbe donne à cette locution dans deux de ses lettres, t. III, p. 31, et IV, 94 (Lexique, t. V, p. 475). C'est une allusion à un plat essentiellement populaire et probablement très ancien : « Je me tieg (tiens) à pois pilés » Mss. de poésies franç. avant 1300, cité par Littré. Dict., art. *Pois*, Hist. Il s'agit sans doute d'une grosse purée de *haricots*, le pois désignant le haricot autrefois, et aujourd'hui encore dans plusieurs provinces, telles que la Normandie et le Poitou. Cf. Littré, art. Pois 1°. —

On juge bien par ce mot du genre de critique *pittoresque* qui était le ton ordinaire de l'enseignement du maître. —

Malherbe faisait une guerre acharnée au remplissage (mots ou vers-chevilles). L'an. 3 nous l'a montré pour Ronsard ; cf. *Mémoires*, p. LXXIII, le mot cité par Racan, qui peut bien avoir également rapporté celui-ci ; voir les diverses objurgations qu'il adresse aux chevilles de Desportes dans le Commentaire, et lire sur ce sujet, dans l'étude si précise de *M. Souriau* sur *la Versification de Malherbe*, le chap. VIII : *les Chevilles*.

V. *Revue bleue*, p. 731, col. 2.

ADDITION II

PREMIÈRE SÉRIE DE « *BONS MOTS* »

(ANECDOTES 12 A 16)

ADDITION II. Elle occupe les p. 223 et 224 et se place après « ... dans sa chambre ou dans celle des autres sçavans en poésie ». (*Mém.*, p. LXXX.)

...n'est pas Mémoires ... de Racan.

La guerre civile.

...cdote 12. (...p. 223.)

Sous la régence de la Reyne Marie de Médicis, au commencement de la guerre que fit M. le Prince en 1614. comme on parloit dans une grande Compagnie, des désordres que causeroit cette guerre, et du tort qu'avoyent les mal-contens qui se joignoyent à M. le Prince ; M. de Malherbe, qui estoit présent, levant les yeux au Ciel, s'écria tout à coup. O bon Dieu ! où est ta fièvre, ta peste, ton mal caduc ? qu'en fays-tu, que tu ne les envoyes à ces gens qui troublent l'Estat ?

*
* *

Ce mot qui semble sincère est un curieux commentaire de la belle paraphrase du psaume CXXVIII

Les funestes complots des âmes forcenées,

que Malherbe composait à ce moment même (Lal. t. I, 207).

La *passion de l'ordre* en politique comme en littérature fut certainement l'un des sentiments les plus profonds de Malherbe, qui lui doit quelques-unes de ses plus belles inspirations. Les critiques qui l'ont jugé avec bienveillance ont bien vu que c'était là une des meilleures parts de sa grandeur : Sainte-Beuve, dans sa longue et pénétrante étude, Nouveaux Lundis, t. XIII, p. 390 et s., goûte avant tout en lui le *poète royal*. Plus récemment, M. Allais, en étudiant les premières pièces du poète, y a vu des fragments de l'épopée nationale. M. Brunetière, reprenant et développant le même point de vue, vient de nous montrer en Malherbe (Revue des Deux-Mondes, 1er décembre 1892) le collaborateur naturel d'Henri IV et du gouvernement suivant. —

On sait que le *mal caduc* est *l'épilepsie.*

Racan, qui semble être à cause du tour des phrases le rapporteur de ce mot (voir Introd. p. 18 I), l'a sans doute omis par prudence dans les Mémoires, qu'il a rédigés au temps de la splendeur du grand Condé, le glorieux fils du révolté de 1614.

V. *Revue bleue*, p. 730, 2e col.

Les médecins.

Anecdote 13. (P. 223.) S'estant un jour trouvé mal, il envoya prier Thévenin, qui est aujourd'hui excellent Oculiste, et qui estoit alors de la Maison de M. de Bellegarde, de le venir voir, comme son amy particulier, et luy ayant fait taster son pouls, Thévenin trouva qu'il avoit la fièvre, et luy conseilla de prendre avis d'un Mèdecin, avant que de faire aucune chose. M. de Malherbe luy dit qu'il n'en connaissoit point, et luy demanda s'il luy en voudroit enseigner un qui fust habile homme ? Il lui nomma M. Robin, qui estoit alors Doyen de la Faculté, et en grande estime. Mais M. de Malherbe, répétant deux ou trois fois ce nom de Robin, lui dit, enfin, C'est un plaisant Robin de s'appeller ainsi ; Je vous prie de m'en nommer un autre ; car je ne veux point de celuy-là. Thévenin lui en proposa un autre nommé Guénebaut, qui estoit aussi en grande réputation. Guénebaut, reprit M. de Malherbe, Voila un nom de chien courant. Je ne prendrai point encore celuy-là. Après cela, Thévenin luy en nomma un 3e qui s'appelloit D'Acier ; sur quoy il dit encore, Quel nom voilà d'Acier ! C'est donc que cet homme-là est plur dur que le fer. Je ne veux point de luy non plus. Enfin, il luy en indiqua un quatrième, nommé Provin, duquel il se contenta, et l'envoya quérir.

* * *

Cet enfantillage de Malherbe, raconté si longuement par Racan (on reconnaît là, à n'en pas douter, son ton habituel de conteur) est vivement résumé par Tallemant (I, 291). — Voir la note de Paulin Paris (p. 317) sur Thévenin qui devint célèbre après avoir fait recouvrer un œil à chacun, à trois pensionnaires des Quinze-Vingt.

Malherbe était rarement malade, « sa constitution étoit excellente ». Mém. LXVI.

La guerre religieuse.

Anecdote 14. (P. 223.) Pendant le siège de La Rochelle, où il avoit suivy la Cour, (en 1628.) comme il s'alloit promener un jour, il se mit à considérer les soldats du camp du Roy, et ceux de la ville, qui paroissoyent de ce costé-la, sur le bastion appellé de l'Evangile; et dit à Racan, et à quelques autres, qui estoyent aveque luy, d'un ton et d'un geste tout à fait brusques, selon sa coustume. A qui Diable! en veulent ces gens-là, de tâcher tous les jours à s'égorger les uns les autres, encore qu'ils n'ayent rien à demesler ensemble? Voyez-vous cet homme-la, disoit-il, en monstrant la sentinelle la plus avancée du bastion ; Il souffre la faim, et mille autres incommoditez ; et s'expose à tous momens à perdre la vie, par ce qu'il veut communier sous les deux Espèces ; et les autres l'en veulent empescher : N'est-ce pas un beau sujet pour troubler toute la France ?

* * *

C'était en juillet 1628. Malherbe âgé de 73 ans venait de nouveau implorer le roi contre les meurtriers de son fils. Il était si excité qu'il demandait dans la cour même du quartier royal à se battre en duel, et Racan, qui commandait comme enseigne la compagnie des gens d'armes du marquis d'Effiat, dut le prévenir qu'il se rendait ridicule (Mém. LXVIII). Il en voulait à toute la race juive, dont il soupçonnait les meurtriers de faire partie, et il venait de composer contre eux un sonnet antisémite (Malh. t. I, 276). — « Le bonhomme, dit Tallemant, gagna à ce voyage le mal dont il mourut à son retour à Paris », le 16 octobre. —

La présente anecdote rouvre la question très délicate de *la religion* de Malherbe. Depuis que nous avons publié ce nouveau trait dans la *Revue bleue* du 3 décembre 1892, p. 730, col. 2, des protestants, nous le savons, sont tentés de l'invoquer pour se confirmer dans leur opinion que le poète, sorti d'une famille protestante, était protestant au fond du cœur. Voir à cet égard les articles intéressants du Bulletin de la Société de l'Histoire du protestantisme, entre autres 1860, t. 9, p. 258; 1862, t. 11, p. 239; 1873, t. 22, p. 93; 1891, t. 40, p. 387, article de M. N. Weiss.

Sans vouloir discuter la question, nous ferons remarquer simplement que la portée de cette boutade est fort atténuée d'abord par l'état de chagrin et d'aigreur où se trouvait alors le poète, et surtout par le penchant qu'il eut toujours à la contradiction : parlant ici à Racan et à des catholiques, il raille les catholiques, tout comme il raille les protestants lorsqu'il s'adresse à son amie protestante madame des Loges (l'incident du livre du pasteur Dumoulin, *Racan*, t. I, 221), et en combien d'autres occasions dans sa correspondance intime !

Nous demeurons dans l'opinion que Malherbe était nettement, mais peu profondément catholique, et qu'il eût peut-être compté de nos jours parmi les indifférents.

Nous ne voyons d'ailleurs la thèse des protestants soutenue par aucun critique en dehors d'eux : Sainte-Beuve, p. 414 ; Lalanne (t. I, p. x, xi et xlii), Gasté (p. 11), Allais (passim), Souriau (p. 77, 78). —

On ne peut douter que le mot n'ait été rapporté à Conrart par Racan lui-même à qui il fut adressé.

Les Cacophonies.

Anecdote 15. (P. 224.) M. des Yveteaux le reprenoit un jour de ce vers :

> Enfin cette Beauté m'a la place renduë ;

disant que ces 3 syllabes *ma, la pla,* sonnoyent fort mal. — Il vous sied bien, luy répondit-il sur le champ, de trouver *ma, la, pla,* mauvais, vous qui avez dit *parable à la fla* et luy allégua un de ses vers où il y avoit,

> comparable à la flame.

*
* *

Le vers de Malherbe est le premier de la « Victoire de la Constance », t. I, p. 28.

Nous avons réussi à retrouver le vers de des Yveteaux dans ses Œuvres (édit. Prosper Blanchemain, Paris, chez Aug. Aubry, 1854). C'est dans une pièce qu'il fit pour Henri IV (p. 64). Le roi célèbre sa maîtresse :

> La neige aux plus hauts monts fraichement amassée
> Ne peut à la blancheur de ces mains s'esgaller ;
> Comme il n'est point d'ardeur, présente ni passée,
> *Comparable à la flamme* où je me veux brusler.

Des Yveteaux affectionnait ce lourd adjectif *comparable :* il pèche d'ailleurs bien souvent contre l'harmonie dans ses vers.

Malherbe ne se garda pas toujours de ces *cacophonies*, auxquelles il faisait impitoyablement la guerre chez les autres, tels que des Yveteaux et Desportes (Lal. IV, 269, 314, 315). Voir l'ensemble de la question (doctrine et pratique de Malherbe) traité par M. Souriau dans son ch. III *Hiatus et Cacophonie*, notamment p. 27-29. — A propos du vers de des Yveteaux, M. Blanchemain (p. 64) remarque que « ces consonnances se rencontrent dans les meilleurs poètes. Despréaux n'a-t-il pas dit *tra*, *ça*, *ta*, *pa*, *ta* dans ces vers de son épître III :

> Le blé, pour se donner, sans peine ouvrant la terre,
> N'attendait point qu'un bœuf pressé de l'aiguillon
> *Traçât à pas tardifs* un pénible sillon. — ? » Vers 60.

Mais ne pourrait-on prétendre que cette consonnance, si elle n'est pas voulue, n'est point ici mal placée ? La vérité est que ce sont là de bien minutieuses critiques. —

Les rapports de Malherbe et de des Yveteaux ne furent pas toujours aussi hargneux. C'est des Yveteaux qui insista auprès d'Henri IV, pendant 5 ans, de 1600 à 1605, pour faire venir Malherbe de Provence à la Cour (Mém. de Racan, LXV). —

La présente historiette devait courir les salons littéraires: aussi est-il difficile de savoir si elle provenait originairement de Racan ou de tout autre.

Nous la connaissions déjà par Tallemant qui en fait un petit *dialogue* vif, I, 275, et par Ménage qui au contraire ne met pas en présence les deux poètes, p. 444.

Les Cordeliers.

Anecdote **16**. (P. 224.) Comme il (Malherbe) faisoit les Stations d'un Jubilé avec Madame la marquise de Ramboüillet, sur la fin du jour elle voulut entrer dans l'Eglise des Cordeliers ; Il fit tout ce qu'il put pour l'en détourner; et sur ce qu'elle luy en demandoit la cause, *Voulez-vous que je vous le die, Madame*, luy répondit-il ? *Je* *ne saurois trouver bon de vous voir entrer, à l'heure qu'il est, en un lieu où il y a 300. hommes sans haut-de-chausses.*

*
* *

Grossière boutade où se trahit l'esprit terre à terre de notre poète lyrique.

Le mot a pu être rapporté à Conrart par la marquise, bien qu'elle fût « un peu trop délicate » au gré de Tallemant, II, 304, ou bien par Racan qui l'aurait tenu de Malherbe

ADDITION III

DEUXIÈME SÉRIE DE « *BONS MOTS* »

(ANECDOTES 17 A 32)

ADDITION III. — Elle occupe les p. 229-232, et s'intercale après : « Combien en a-t-il de fièvres ? » (Mém. p. LXXXV.)

La Consolation à la princesse de Conty.

Anecdote 17. (P. 229.) Il obligea la Princesse de Conty à retourner exprès à Saint-Germain en Laye, pour y recevoir la Lettre de consolation qu'il luy fit sur la mort du Chevalier de Guise son frère, parce qu'elle y estoit quand il la commença, et qu'il l'avoit marqué dès l'entrée ; aymant mieux luy donner la peine de faire ce voyage, que de prendre celle de changer peut estre une période ou deux de cet ouvrage.

*
* *

La *Consolation* (en prose ou en vers) était un véritable *genre* littéraire de l'époque. On sait que Malherbe s'y adonnait avec plus de soin que de célérité (Lal. p. 32, 38, 268 consolation au président de Verdun, qui était remarié quand arriva la pièce sur son veuvage, etc...). La lenteur dans le travail était d'ailleurs un de ses plus graves défauts comme auteur d'à-propos : il savait parfois l'expliquer ingénieusement (t. IV, p. 224-226, cité par M. Souriau, p. 91, n. 2). — Voir une intéressante étude sur *Malherbe consolateur* dans la thèse de M. Allais, p. 355-368.

La lettre à la princesse de Conty est un véritable ouvrage qui occupe 23 pages de l'édition Lalanne, t. IV, p. 195-218. Elle commence ainsi : « Ne pouvant aller à *Saint-Germain* sitôt que je désirois... » Plus loin : « Ce que j'en apprends, c'est qu'à *Saint-Germain* vous soupirez comme vous soupiriez à Paris... ».

M. Souriau, p. 91, cite spirituellement cette autre phrase de la lettre : « Nous ne sommes plus ce que nous étions hier... et déjà, Madame, je ne suis plus celui que j'étois quand je me suis mis à vous écrire cette lettre. . » Lal. p. 206.

Racan avec les autres disciples professait une grande admiration pour cette œuvre (Mémoires, p. LXXXVI). C'est lui qui a pu rapporter ce trait à Conrart. —

Chapelain raconte aussi l'anecdote, qu'il dit tenir de Malherbe ; il lui attribue une autre raison presque aussi faible que celle-ci et qui peut bien s'être combinée avec elle : c'était « afin qu'on ne pût pas dire qu'étant en une même ville, il n'avait qu'à lui dire ce qu'il lui écrivait. » I, 573. Lettre à M. de Monstreuil, 12 février 1640 (cité par M. Souriau, 91, n. 2).

V. *Revue bleue*, p. 732, col. 1. Nous y avons rabaissé par mégarde Mme la *princesse* de Conty au rang de *duchesse ;* nous lui en faisons amende honorable.

A l'hôtel de Rambouillet.

Anecdote **18.** (P. 229.) Estant allé un jour à l'Hostel de Ramboüillet, où il ne trouva qu'une Demoiselle, auprès de laquelle il s'assit ; une balle de Mousquet passa entr'eux deux. Le lendemain, il y retourna, et Madame la Marquise de Ramboüillet luy faisant compliment sur cet accident, Je voudrois, luy répondit-il, qu'elle m'eust tué ; je suis vieux ; j'ay assez vescu ; et puis, quelqu'un n'eust pas manqué de dire que Monsieur le Marquis de Ramboüillet m'eut fait tirer ce coup-la. Ce qu'il disoit, parce qu'il avoit été amoureux de cette Dame, pour laquelle il avoit fait plusieurs pièces de vers.

*
* *

Conrart devait tenir ce trait de Mme de Rambouillet, qui l'avait raconté dans les mêmes termes à Tallemant (I, 302).

On sait que Malherbe fut un des adorateurs de la marquise, pour elle il trouva avec Racan le joli anagramme d'Arthénice qui fit fortune : il fut très fâché que Racan l'eût devancé en appliquant le nom à Mme de Termes qui s'appelait aussi Catherine (Racan, Mém. p. LXXXVI ; Tall. I, 302). Nous l'avons déjà vu faire ses confidences littéraires à Mme de Rambouillet (an. 5) et ses dévotions avec elle (an. 16).

On ne connaît que deux pièces de vers faites par Malherbe en son honneur — Lal. t. I, p. 247 et 264.

Sur la satiété de la vie chez le vieux poète, voir aussi son mot à Racan au siège de la Rochelle (Mém. LXVIII).

Le cuisinier ganté.

dote 19. . 229.) Comme il alloit un jour disner chez quelqu'un qui l'en avoit convié, il trouva un valet à la porte qui avoit des gans à la main, c'estoit vers les onze heures. Il luy demanda, Qui estes-vous mon amy ? Monsieur, répondit l'autre, je suis le Cuisinier de céans. — Vertuchou, repartit M. de Malherbe, en s'en allant, Je n'ay garde de disner chez un homme dont le Cuisinier a des gans aux mains quand il faut servir.

*
* *

Tallemant cite le mot en l'abrégeant. I, 283. Paulin Paris note en marge qu'on dînait alors à midi.

C'est un des numéros de la liste interminable des originalités de Malherbe. Celle-ci est assez méchante pour le bourgeois qui l'avait invité, et qui n'avait sans doute en tout qu'un maître Jacques pour le servir.

Les répétitions.

cdote 20. P. 229.) Il mettoit assez souvent une mesme pensée en divers endroits, et vouloit qu'on le trouvast bon, disant, que quand il avoit mis un tableau sur sa cheminée, il lui estoit permis de le mettre sur son buffet quand il vouloit. Mais Racan lui disoit, que ce portrait n'estoit qu'en un lieu à la fois ; et que la pensée qu'il répétoit demeuroit en même temps en toutes les pièces où il l'avoit mise.

*
* *

Malherbe ne pouvait pas répliquer par la vraie raison, à savoir que sa galerie de tableaux n'était pas assez riche pour qu'il pût en mettre un sur sa cheminée et un autre sur son buffet.

Ménage remarque à la p. 528 : « Malherbe a plus d'une fois emploié les mesmes pensées en différens endroits.... : et quand ses familiers lui en faisoient reproche, il leur répondoit, qu'il estoit permis de mettre sur sa cheminée, ce qu'on avait mis sur son cabinet... » Voir l'opinion de Ménage, p. 329, sur la sécheresse de Malherbe, qui le fit mal juger du Cavalier Marin (anecd. suivante).

Tallemant, t. I, p. 293, raconte, dans les mêmes termes que Conrart, ce trait relatif aux répétitions de Malherbe. Ce n'était pas d'ailleurs le seul différend que Racan avait avec son maître : voir Mémoires, p. LXXI, LXXXIV, LXXXV. Ce fut un disciple moins servile qu'on ne le croit communément, ainsi que nous essaierons de le montrer dans sa biographie.

Il n'y a guère que lui qui puisse être l'auteur de cette historiette.

Portrait de Malherbe.

Anecdote **21.** (P. 229.) Il estoit grand et bien fait, mais il crachottoit toujours ; ce qui faisoit dire au Cavalier Marin, qu'il n'avoit jamais veû un homme si humide, ni un Poète si sec.

*
* *

Voilà un des mots les plus connus sur Malherbe, grâce au 37e entretien de Balzac publié dès 1657 : «... il crachoit pour le moins six fois en récitant une Stance de quatre Vers. Et ce fut ce qui obligea le Cavalier Marin à dire de luy, etc. » Notons qu'il y a toujours de la charge, ou de la rhétorique (ce qui revient au même) dans les traits que Balzac prête à Malherbe : le poète a été vengé de main de maître par Sainte-Beuve (p. 416-420).

Ménage en 1666 cita aussi le mot de Marin, p. 329.

Tallemant reproduit notre anecdote en deux fois, t. I, p. 274 et 287, et il ajoute : « A cause de sa crachotterie il se mettoit tousjours auprès de la cheminée (1). »

Malherbe était « un poète sec » surtout au regard d'un Italien qui estimait avant tout la facilité et la fluidité sans profondeur. Il est certain néanmoins qu'il ne brilla jamais par l'abondance et la variété (voir entre autres l'an. précédente sur ses redites). —

Le mot de Marin était de notoriété publique ; quant au début de l'anecdote sur les avantages extérieurs de Malherbe, il émane plus ou moins directement de l'un des trois membres de la société de Conrart qui avaient connu le poète, Balzac, Chapelain ou Racan.

Voir l'étude intéressante de M. Lalanne, t. I, p. CXXIV-CXXVIII, sur les portraits authentiques de Malherbe.

(1) On remarquera qu'à la p. 274 de Tallemant le crochet [qui indique les passages des Mémoires de Racan devrait être reculé jusque devant les mots : *d'une constitution*, puisque les premiers mots de la phrase ne se retrouvent que dans notre manuscrit.

Les parodies.

Anecdote 22.
(P. 230.)

Dans l'Edition de toutes ses Œuvres, qui fut faite après sa mort, on a recueilly bon et mauvais, sans aucun choix, ni aucune distinction ; tesmoin cette pièce si chétive, qu'il fit sur le mariage du Roy Louis XIII. et qui commence,

Cette Anne si belle
Qu'on vante si fort,
Pourquoi ne vient-elle ?
Vray'ment elle a tort !

Pour s'excuser, il disoit qu'on l'avoit trop pressé. Une autrefois il disoit qu'il l'avoit faite ainsi exprès, pour empescher qu'on ne lui demandast trop souvent des vers. Tantôt il alléguoit, qu'il les falloit ainsi pour l'air ; et enrageoit de ce qu'il n'avoit pas de meilleures raisons à dire. Théophile, qui le picottoit toujours, en fit une parodie, qui commençoit,

Ce divin Malherbe,
Cet esprit parfait.
Donnez-luy de l'herbe,
N'a-t-il pas bien fait ?

Luy mesme, ou quelque autre, en fit aussi une de cette pièce de quatrains où le second vers est :

Cela se peut facilement,

et le quatrième,

Cela ne se peut nullement.

*
* *

I. Dans la première partie de l'anecdote, il s'agit de l'édition médiocre des Œuvres de Malherbe qui parut en 1630, in-4°. Elle donnait à la p. 191 la chanson : *Cette Anne si belle*... (Lal. t. I, 234), faite par le poète pour le ballet du 19 mars 1615, qui précéda le mariage de Louis XIII.

Racan avait rapporté à Ménage (Ménage, 513) « que Malherbe fit ces vers à la prière de Marais, porte-manteau — (et bouffon) — de Louis XIII sur un air qui couroit, et qu'il les fit en moins d'un quart d'heure ». Nous le croyons facilement. Racan ajoutait que ces vers « ne furent point estimés » et que « Malherbe lui-même ne les estimoit pas ». — L'air était d'un musicien, nommé Guesdron.

Racan, selon Ménage, citait la parodie de Théophile en des termes un peu différents :

Ce brave Malherbe
Qu'on tient si parfait,
Donnez-lui de l'herbe,
Car il a bien fait.

Nous ne pouvons dire quelle est la vraie leçon, n'ayant pas trouvé ces vers dans l'édition moderne des Œuvres de Théophile, donnée par Alleaume, Bibl. elz., en 1856.

Malherbe se vengeait de ces « picottements » par le peu d'estime qu'il faisait de Théophile : voir sa lettre à Racan du 4 nov. 1623. Lal. t. 4, p. 8.

Tallemant rapporte également toute cette anecdote dans les mêmes termes que notre manuscrit, sauf qu'il attribue la parodie à Bautru, t. I, 296.

Ces renseignements paraissent bien avoir été transmis à Tallemant et à Conrart par Racan, comme ils l'ont été par lui à Ménage.

II. La seconde pièce parodiée est une chanson qui fut faite sur une chanson espagnole en collaboration par Malherbe, Racan et surtout madame de Bellegarde dans la chambre de celle-ci ; c'est Racan qui l'apprit à Ménage (Ménage, 496). Elle commence ainsi :

Qu'autres que vous soient désirées,
Qu'autres que vous soient adorées,
Cela se peut facilement.
Mais qu'il soit des beautés pareilles
A vous, merveille des merveilles,
Cela ne se peut nullement. (Lal. t. I, p. 96.)

Racan ajoute qu'on la mettait sur le compte de Malherbe, ce qui était confirmé par la parodie de Berthelot.

Conrart, qui devait lui aussi tenir ces détails de Racan, ne se souvenait plus de l'auteur de la parodie. Sa mémoire ne le sert pas mieux quand il parle de quatrains, ce sont des sixains, comme on vient de le voir, et ce n'est pas le 2e et le 4e vers, mais le 3e et le 6e qui reviennent en refrains.

Tallemant, t. I, 296, dit que « c'estoient des couplets que M. (*sic*) de Bellegarde avoit faits, et que Malherbe avoit seulement raccommodez. La parodie en est plaisante ; elle est dans le *Cabinet satirique* » et en note : « C'est Bertelot qui l'a faitte ». — Paulin Paris pense avec raison que « M. de Bellegarde » est une erreur du manuscrit pour « *Madame de B.* »

La parodie se compose de sept couplets très mordants, cités en entier par Ménage (497) ; on les trouvera reproduits par Paulin Paris dans *Tallemant*, t. I, 320. En voici le dernier :

Etre six ans à faire une ode,
Et faire des lois à sa mode,
Cela se peut facilement :
Mais de nous charmer les oreilles
Par sa *merveille des merveilles*,
Cela ne se peut nullement.

« Malherbe pour réponse à ces vers, dit Ménage, fit donner des coups de baston à Bertelot par un gentilhomme de Caen nommé la Boulardie » — (et non la Boulardière, comme dit Paulin Paris, 321). — Ménage approuve fort ce moyen qu'il voudrait voir revenir quelque jour en usage, afin de se venger de ses ennemis, tels que Boileau et Bussy-Rabutin. —

Ne serait-ce point une réminiscence, d'ailleurs inexacte,

de cette aventure qui aurait fait dire à Musset parlant de Mathurin Régnier dans sa pièce *Sur la Paresse* (Poésies nouvelles) :

> Lui qui se redressait comme un serpent dans l'herbe,
> Pour une balourdise échappée à Malherbe,
> Et qui poussa l'oubli de tout respect humain
> *Jusqu'à daigner rosser Berthelot de sa main !*

— Nous retrouvons ici habilement amenée la rime riche *herbe, Malherbe*, employée plaisamment par Théophile.

Les camisoles.

(Anecdote 23. P. 230.) Estant un jour chez madame Desloges, en hyver, il fit voir que les camisolles et les doublures qu'il portoit, alloyent jusques au nombre de 14.

*
* *

Le Bibliophile Jacob a lu par erreur *dix-huit* au lieu de 14 (R. des provinces, p. 525).

Nous savions déjà par Racan que Malherbe était très frileux et qu'il mettait en hiver 12 paires de bas superposées (Mém. p. LXXIII). Tallemant nous apprend qu'il portait un manteau doublé tout l'été (t. I, 291, n.). Il cite aussi le présent trait (Ibid.) en ajoutant que ces quatorze épaisseurs étaient « chemises, chemisettes ou doublures ». Malherbe avait d'ailleurs pour maxime que « Dieu n'a fait le froid que pour les pauvres et pour les sots ». Mém. LXXIV.

Ses ennemis raillaient sa manière de se couvrir. Berthelot dit dans une parodie, que mentionne l'anecdote précédente :

> Avoir quatre chaussons de laine
> Et trois casaquins de futaine,
> Cela se peut facilement ;
> Mais de danser une Bourrée,
> etc. . . . .
> Cela ne se peut nullement.

(Paulin Paris, Tallemant, t. I, 320.)

On sait combien Malherbe aimait ce salon de Mme des Loges. (Voir Lal., Table, art. des Loges.)

Ce détail des camisoles a dû être fourni par elle à Conrart.

V. *Revue bleue*, p. 729, col. 2, et 730, col. 1.

A la Chartreuse.

Anecdote 24. (P. 230) Un chartreux nommé Dom Chazeray, qui estoit homme de lettres, et galant homme, avoit esté fort de ses amis, pendant qu'il estoit dans le monde, ce qui l'obligea de l'aller voir un peu après qu'il se fust fait Religieux. Il y fut donc, avec Racan et du Monstier. On ne leur permit qu'à peine de luy parler un moment; et on les avertit qu'en entrant dans sa Cellule, il faloit qu'ils dissent chacun un Pater. Ce qu'ayant fait, comme ils pensoyent parler à Dom Chazeray, Vespres sonnèrent, et il leur dit, qu'il faloit nécessairement qu'il y allast ; si bien qu'ils furent contrains de s'en retourner, sans l'avoir entretenu. Malherbe, qui estoit fâché d'avoir fait inutilement ce voyage, dist qu'on lui rendist donc au moins son Pater.

*
* *

Le trait est plus court et plus vif dans Tallemant (I, 283). Il est plus complet dans Conrart et ressemble plus à la manière calme dont Racan dut lui conter la chose.

Nous avouons que nous ne pouvons y voir, comme M. Souriau, p. 77, un trait de *scepticisme* à la *Voltaire*. Nous avons reconnu (an. 14) que Malherbe n'était ni pieux ni même profondément religieux, mais ce mot ne prouve *pas* grand'chose, c'est tout bonnement une boutade comme il en peut échapper même aux plus sincères croyants, s'ils sont facétieux.

Du Monstier est le disciple de Malherbe, plus connu comme portraitiste sous le nom de *Dumoutier*. La véritable orthographe est *Dumonstier*, c'est ainsi qu'il signait ses portraits. (Lal. t. I, p. cxxv, n. 1.)

La poésie jusque dans les comptes.

Anecdote **25.** (P. 231.) Racan le trouva un jour contant cinquante sols en douzains à un ouvrier qui avoit fait quelque chose pour luy ; et voyant qu'il avoit mis deux rangées de dix sols chacune, et une de cinq, puis deux autres rangées aussi de dix sols, et une autre de cinq ; il luy en demanda la raison ? C'est, lui dit-il, que je songeois à la pièce que j'ay faite pour le Roi (Henry le Grand) qui commence :

> Que d'épines, Amour, accompagnent tes roses !
> Que d'une aveugle erreur tu laisses toutes choses
> A la mercy du sort !
> Qu'en tes prospérités à bon droit on soupire !
> Et qu'il est mal-aysé de vivre en ton Empire
> Sans désirer la mort !

où les vers sont rangés de la mesme sorte qu'il avoit rangé ses sols.

* * *

Le maître était à ce point hanté par le rythme qu'il payait en mesure.

C'étaient ces stances amoureuses que Malherbe avait faites pour Alcandre (Henri IV) plaignant la captivité de sa maîtresse (la princesse de Condé) — une des plus belles pièces et des plus honteuses actions du poète.

Il empruntait pour la première fois à Ronsard et à Desportes ce sixain coupé de deux petits vers. Voir l'histoire et les avantages de ce rythme dans Allais, p. 338-340. —

Les douzains étaient les *sous* qui valaient 12 deniers. —

Tallemant a comme d'ordinaire écourté vivement le trait, I, 283.

Le mot, qui ne peut manquer d'avoir été rapporté par Racan, a dû être prononcé entre le mois de janvier 1610, date de la composition de la pièce, et le mois de mai de la même année, date de la mort d'Henri IV, qui n'est pas traité de « feu roy ».

Soupers à la chandelle.

Anecdote **26**. (P. 231.) Quand il soupoit de jour, aux grans jours d'esté, il faisoit fermer ses fenêtres, et allumer de la chandelle ; et disoit, qu'autrement ce seroit disner deux fois.

*
* *

Tallemant cite cette originalité, I,286, en employant le discours direct, comme il ne manque presque jamais de le faire. Paulin Paris note en marge que l'on soupait alors à huit heures, comme on dînait à midi (V. an. 19).

Racan, qui avait ses entrées libres dans la chambre garnie de son maître, put surpendre cette habitude et la conter ensuite.

Les chenets.

Anecdote **27**. (P. 231.) Comme il se chauffoit un jour en compagnie, il y avoit à la cheminée de ces grans chenets du temps passé, où, au lieu de pommes, il y avoit des figures d'hommes; ce qui ne luy plaisant pas (¹), il dit, Mort d. pourquoi faut-il que ces vieux b. qui n'ont point de sentiment, se chauffent et tiennent la place d'honnestes gens qu'ils empeschent de se chauffer !

*
* *

Frilosité et sans-gêne, ces deux points chez Malherbe nous sont connus par ailleurs. Sur le 1er cf. anecdote 23.

L'historiette est racontée d'une façon un peu différente par Tallemant, t. I, 284, n. 1. « Une fois il osta les chesnets « du feu. C'estoient des chesnets qui représentoient de gros « satyres barbus : Mort Dieu ! » dit-il, « ces gros bougres « se chauffent tout à leur aise, tandis que je meurs de froid. » La même scène a pu être rapportée par ses différents témoins.

L'anecdote qui précède celle-ci dans Tallemant semble indiquer que le fait eut lieu chez M. de Bellegarde. La chose est très vraisemblable; là plus qu'ailleurs Malherbe avait son franc parler. Ce fut peut-être même dans la chambre de Mme de Bellegarde, où étaient des chenets assez hauts pour que Racan, un jour de distraction, ait pu prendre pour eux deux grandes dames assises au coin du feu. Tallemant, t. II, 361.

Racan, qui vivait à l'hôtel Bellegarde, serait sans doute alors le rapporteur de ce trait.

Le faisan.

Anecdote 28. (P. 231.) Un jour on servit à la table de M. de Bellegarde un Faisant, avec ce grand ornement de plumes que l'on

(1) Curieux exemple tout latin d'un relatif à l'ablatif absolu.

a accoustumé d'y mettre. M. de Bellegarde, qui l'avoit devant luy, les arracha, et comme il les voulut jetter, le M[e] d'Hostel l'en empescha, et luy dit, Monsieur, je vous supplie de ne point oster ces plumes ; cela est nécessaire à ce faisant, pour le discerner d'avec les chapons. — Sur quoy M. de Malherbe lui répondit brusquement, à sa façon ordinaire, Mettez-y plutôt un écriteau dessus, et y écrivez que c'est un faisant, si vous avez peur qu'il ne soit point reconnu. Cela fut cause que M. de Bellegarde défendit de mettre plus de plumes aux faisans que l'on servoit à sa table.

*
* *

Voilà une des rares réformes du législateur qui ne lui aient pas survécu. Les cuisiniers ont vaincu Malherbe.

Tallemant rapporte l'histoire plus vivement (I, 283). « Chez M. de Bellegarde, on servit un jour un faisan avec la teste, la queue et les aisles ; il les prit et les jeta dans le feu. Le Maistre-d'hostel luy dit : « Mais on le prendra pour un chapon. — Eh bien ! mortdieu ! » respondit Malherbe, « mettez-y donc un escriteau et non pas toutes ces viédazeries. »

Tallemant a bien l'air de dire que c'est Malherbe et non Bellegarde qui commença par dépouiller le faisan. Ce serait vraiment trop grossier. Probablement hanté par Tallemant, le Bibliophile Jacob a lu faussement dans le ms. de Conrart : « M. de *Malherbe* qui l'avait devant lui, les arracha... » R. des provinces, p. 526.

L'anecdote venait sans doute de Racan qui habitait chez M. de Bellegarde où Malherbe avait aussi sa table. Ils y prenaient chaque jour leurs repas ensemble. Cf. Mém. p. LXXIII, avant-dern. l.

Dans Conrart, le ton général est bien celui de Racan ;

quelle différence avec celui de Tallemant ! De plus, ce mot se retrouve plusieurs fois dans les Mémoires : « M. de Malherbe lui répondit brusquement, à sa façon ordinaire... » Voir Introduction, p. 18, II.

Musique et gants.

Anecdote 29. (P. 230.) M. de Malherbe n'estoit délicat ni en musique, ni en gans, et il aymoit autant ouÿr chanter une chanson du Pont-neuf, que le plus bel air du monde ; et avoir des gans de 10 sols, que des meilleurs, et des mieux préparez.

* * *

Notre manuscrit éclaire ici Tallemant, t. I, 289, que l'on comprenait généralement dans un sens diamétralement opposé. « Malherbe disoit qu'il se connaissoit en deux choses, en musique et en gants. Voyez le grand rapport qu'il y a de l'un à l'autre. » Le mot du poète est donc ironique, à moins par hasard qu'une négation n'ait été omise dans la lecture du manuscrit de Tallemant des Réaux.

Malherbe, en effet, a prouvé qu'il ne s'y connaissait pas en musique : il ne réussit que deux fois à composer des strophes qui se puissent chanter. Voir Souriau, p. 98 (en mettant de côté la méprise inévitable due à Tallemant et en ajoutant à la note 3 une autre pièce, celle de la p. 234 de l'éd. Lalanne). — Néanmoins il créa ou restaura un grand nombre de rythmes avec un vrai sentiment de l'harmonie : ce fut un des principaux points où il porta ses laborieux efforts. Voir dans Allais des pages très fines sur l'*harmonie colorée* de Malherbe, p. 134 et s., sur les divers rythmes employés par lui : Chap. X, 1re et 2e parties ; XII,

3e partie; XIII, 4e partie, etc., et la Note inédite du même auteur insérée à la fin du présent travail, p. 85.

En fait de musique, ce qu'il aimait à « ouyr chanter » et à chanter lui-même, c'étaient les chansons du Pont-Neuf: voir an. 8 et note.

Musique et gants.... Malherbe, qui avait le goût naturel des antithèses, se plaisait à ces rapprochements imprévus et irrévérencieux.

Celui-ci put être rapporté par Racan qui l'avait entendu répéter plus d'une fois.

L'Ermite.

Anecdote 30. (P. 232.) Un nommé Chaperonnaye, qui se faisoit appeller le Chevalier de la Madelaine, par ce qu'il avoit obtenu permission du Roy Loüis XIII. d'institüer un Ordre de ce nom-la, eust d'abord le dessein de bastir une Maison dans la forest de Fontainebleau, pour ceux qui voudroyent estre de cet Ordre. Mais, ayant changé d'avis, il demanda permission au Roy de faire dresser une espèce d'oratoire dans la Galerie du Louvre où sont les portraits des Roys. S. M. la lui ayant accordée, il fit dresser un grand Pavillon dans cette galerie, en forme de petit hermitage, de velours Supraris, doublé de toile d'argent. Il passoit là les jours et les nuits, sans sortir, à ce qu'il disoit, avec un sien compagnon, tous deux vestus d'une robbe d'Hermite de Drap gris, en broderie de laine rouge. Un jour, le Roy estant allé dans la galerie, et M. de Malherbe l'y ayant suivy avec beaucoup de Noblesse ; il demanda à ce prétendu hermite, qui disoit qu'il ne sortoit point de ce lieu-la, où il faisoit donc ses nécessitez naturelles ? A quoy n'ayant pas répondu nettement, le Roy luy commanda de quitter sa galerie, disant, Je croy que ce vilain-la est si impudent qu'il c... dans ma galerie ; je ne veux plus qu'il y soit. M. de Racan le vit depuis, avec son camarade, qui avoyent quitté l'habit d'hermite, et estoyent vestus de deux habits qu'ils s'estoyent fait faire du velours du Pavillon, avec les manches et la doublure de toile d'argent. Et il ouït dire, au bout de quelque temps, qu'il estoit allé à Rome, où il tenoit une table qui estoit quelquefois de 50 couverts, et toûjours la meilleure et la plus délicate de la Cour. Cela dura longtemps, sans qu'on seût où il prenoit de quoy fournir à cette dépence, et à toutes les autres qu'il faisoit à l'avenant de celle-la. Puis, tout d'un coup il disparut, sans qu'on ayt jamais appris ce qu'il estoit devenu.

*
* *

Il serait intéressant de retrouver ailleurs quelques renseignements sur cet « irrégulier ».

Si l'on estimait que le mot de Louis XIII n'est point d'une noblesse royale, on n'aurait qu'à parcourir le *Journal d'Héroard* pour s'édifier sur le vocabulaire qui lui fut enseigné dès son âge le plus tendre. —

Afin de savoir ce qu'était le Velours *supraris*, nous avons fait une petite enquête, qui est restée sans résultat, dans les filatures de Reims et les fabriques de soieries de Lyon. Il nous a été répondu que « le velours supraris n'est plus un type bien défini de l'article, et le nom semble en effet être de convention. Qui pourra dire d'ailleurs dans 300 ans ce qu'est le satin soleil, le drap Montagnac, l'armure royale, etc., ou comme nuances le Magenta ou le Solférino? » — Le nom indique apparemment une qualité *supérieure*: — Ce serait une question de « *nouveautés* » anciennes à poser à l'Intermédiaire des Chercheurs. En tous les cas le manuscrit donne bien du « *velours Supraris* » et non du *velours préparé*, comme a lu le Bibliophile Jacob (Revue des provinces, p. 526).

L'anecdote est évidemment de Racan.

V. *Revue bleue*, p. 732, col. 1 et 2.

La Grand'Messe.

Anecdote 31. (P. 232.) Un Dimanche, M. de Malherbe, estant allé en une Eglise, pour entendre la Messe, à l'heure que la Grand Messe se dit, M. de Racan y arriva aussi, et le trouva à la Porte de l'Eglise; il luy demanda, s'il ne vouloit pas entrer plus avant, pour entendre la Messe ? A quoy M. de Malherbe répondit brusquement, selon sa coustume, Pensez-vous qu'une grande Messe ne porte pas plus loin qu'une petite ?

*
* *

Voilà une 3e boutade religieuse (Cf. an. 14 et 24) qui ne prouve pas encore grand'chose sur la religion de Malherbe.

Evidemment il n'était pas pieux, mais il s'acquittait strictement de ses devoirs religieux, non seulement en public, comme ici, mais même en particulier dans sa chambre garnie. Racan, qui allait le surprendre à toute heure du jour, pour une fois qu'il le voit faire gras un samedi où on ne le doit pas, n'en revient pas d'étonnement (Mém. p. LXVIII).

Ce trait est venu évidemment à Conrart par l'intermédiaire de Racan.

V. *Revue bleue*, p. 731, col. 1.

La Poudre de Chypre.

Anecdote 32. (P. 232.) Estant en voyage, et passant à Auxerre, il luy prit fantaisie d'avoir de la poudre de Chypre, et envoya son valet dire à un homme qui en vendoit, qu'il lui en apportast ; le Marchand luy en ayant montré, qu'il vouloit vendre 50 s. l'once ; M. de Malherbe luy dit qu'il n'en vouloit point, et qu'elle ne devoit pas estre bonne à ce prix-la ; si bien que le Marchand s'en retourna. Le valet, qui connoissoit l'humeur de son M^{e}, alla retrouver le Marchand, et l'instruisit de ce qu'il devoit faire, à condition qu'il auroit part au gain qu'il feroit de plus qu'il n'eust fait. Le Marchand revint donc au logis où estoit logé M. de Malherbe, et luy montrant la même poudre que...

(Coupé par le relieur)..... qu'elle valoit cent sols....

Nous proposons une restitution dans le genre de celle-ci : *lui montrant la même poudre que* [*celle qu'il luy avoit montrée auparavant, il luy dit*] *qu'elle valoit cent sols* [*,sur quoy M. de Malherbe en voulut acheter.*]

Le Bibliophile Jacob avait fait cette autre restitution un peu plus courte, mais contraire aux derniers mots qu'on peut lire sur le ms. :

« lui montrant la même poudre qu'il avait auparavant apportée, il réussit à la lui vendre cent sols. » (R. des provinces, p. 527.)

Quels que soient les mots adoptés, le dénouement de l'histoire est bien clair.

*
* *

Il faut avouer que pour un homme positif c'est se faire grossièrement jouer.

Cette anecdote *à qui* et *à que* sent bien son Racan; celui-ci connaissait bien le valet de Malherbe qui lui avait conté la façon plaisante dont son maître le corrigeait (Mém. p. LXVIII), et qui put bien lui faire aussi la confidence de ce bon tour. —

Malherbe passait par Auxerre soit dans un de ses voyages en Provence où étaient restés sa femme et son fils, soit en allant à Dijon, chez le duc de Bellegarde qui était gouverneur de Bourgogne.

V. *Revue bleue*, p. 732, 2e col., et 733, 1re col.

ADDITION IV

RELATIVE A LA MORT DE MALHERBE

(ANECDOTES 33 ET 34)

ADDITION IV. — Elle se place tout à la fin de la copie des Mémoires, sur la seconde moitié qui restait en blanc de la p. 236, après les mots « maintenir la pureté de la langue françoise » (Mémoires, p. LXXXVIII).

Le dernier Legs.

Anecdote 33. (P. 236.) On dit qu'à sa mort, il vouloit que son valet donnast ses vieux souliers à un carme déchaussé.

* * *

4e boutade religieuse qui témoigne, comme celle de l'an. 16, d'un certain dédain pour les Ordres religieux.

Ce qui aggrave un peu celle-ci, c'est que Malherbe l'aurait dite sur son lit de mort, en même temps qu'il reprenait sa garde-malade d'un mot « qui n'estoit pas bien françois à son gré ». Dans ce dernier trait nous ne pouvons pas voir avec Sainte-Beuve (p. 421) le *point d'honneur* suprême du grammairien ; nous apercevons encore moins, avec M. Souriau (p. 102), l'*héroïsme d'un apôtre* qui meurt *martyr de ses idées* ; nous voyons seulement que Malherbe fut constant avec lui-même jusqu'au bout, qu'il conserva jusqu'au dernier souffle la brusquerie et la liberté de son humeur, et que les approches de la mort, au contraire de ce qui arrive communément, ne le rendirent pas plus religieux : on sait que l'on eut de la peine à lui faire recevoir les derniers sacrements (Mémoires, p. LXXXVIII).

Cette boutade suprême sur les Carmes ne serait-elle point une de celles auxquelles faisait allusion Balzac dans sa lettre à Conrart du 23 janvier 1651 sur la mort de Malherbe (citée par Lalanne, p. XLII, n. 2) : « .... Ce que je sais de plus particulier que les autres ne se peut écrire de bonne grâce, et il y a certaines vérités qui ne sont bonnes qu'à supprimer. »

Cette anecdote a pu venir à Conrart soit par Balzac qui aurait consenti à la lui confier oralement, soit par Racan, qui se fit rapporter par Porchères les particularités de la mort de son maître : nous avons même relevé dans l'introduction (p. 18 V) la ressemblance, pour le tour, de cette historiette avec celle qui la précède et qui fait partie des Mémoires de Racan.

En somme, la mort de Malherbe confirme sa vie en tout point et particulièrement pour la religion, et notre conviction reste que Malherbe fut sincèrement, mais froidement catholique, et qu'il observa sa religion sans avoir l'âme religieuse.

V. *Revue bleue*, p. 733, col. 1.

La Pauvreté de Malherbe.

Anecdote **34**. (P. 236.)

Le lendemain de sa mort, M. de Malleville écrivant à feu Madame Desloges, et luy en donnant avis, luy manda que s'il ne fust mort de maladie, il fust mort de faim ; par ce qu'on ne luy trouva autre argent que deux quarts d'escus. C'est ce qui porta M. de Gombaud à luy faire cet (*sic*) Epitaphe,

> L'Apollon de nos jours, Malherbe icy repose,
> Il a vescu long-temps sans beaucoup de support ;
> En quel siècle, Passant, je n'en dis autre chose,
> Il est mort pauvre, et moy je vis comme il est mort.

*
* *

Conrart tenait sans doute le commencement de cette anecdote de Mme des Loges.

Il est probable que Malherbe ne fût pas mort de faim. Il y a de la rhétorique dans le mot de Malleville.

Néanmoins il ne fut jamais riche, malgré la modération de son train et en dépit de sa versatilité politique : chose surprenante, il n'était pas « ménager », c'est du moins lui qui le dit. Voir l'étude très complète de M. Lalanne, p. XXVIII-XXXII, sur sa position de fortune. Nous avions d'abord (*Revue bleue*, p. 733, col. 2) compris comme cet éditeur, le vers de Malherbe : *Et voilà le bien qui m'abonde* (Œuvres, t. I, 286). Mais ce *bien* désigne plutôt, à cause des deux points qui précèdent, non la fortune, mais *l'estime des gens vertueux*, dont il est question auparavant.

Pour montrer la gêne de Malherbe, M. Ed. Fournier (*Revue des provinces*, p. 527, n. 1) cite la lettre à Racan du 10 sept. 1625, et quelques vers d'une satire de Boissière parue en 1654 dans le *Nouveau Recueil des nouvelles poésies*, p. 87-89 (et reproduite par M. Ed. Tricotel dans les *Variétés bibliographiques*, in-12, 1863, p. 280) :

Là Malherbe qui toujours resve
Après la longue, après la bresve...
Fait voir en son maigre ordinaire
Que les règles de la Grammaire
Et l'art de faire des chansons
Ne donnent à leurs nourrissons,
Après des veilles éternelles
Rien à manger que des voyelles.

NOTE

DE M. GUSTAVE ALLAIS

SUR UN POINT DE

LA VERSIFICATION DE MALHERBE

Nous ne pouvons mieux clore la série de ces nouveaux renseignements sur Malherbe que par une note intéressante de M. Gustave Allais :

Sur le Rapprochement chez Malherbe de deux rimes masculines différentes dans le dernier vers d'une strophe et dans le premier de la strophe suivante.

Nous avions demandé à l'auteur un éclaircissement sur la p. 395 de sa thèse, où il parle très brièvement de cette question. Il nous répond par cette note détaillée qui devait être mise primitivement au bas de ladite page, en nous priant de la produire à la première occasion. En voici une toute trouvée.

« Tout bien compté, il n'y a guère qu'une douzaine de pièces où existe cette licence prosodique des deux rimes de même genre qui se suivent (j'entends bien la rime terminale d'une stance et la rime initiale de la stance suivante) ; ce sont, d'après l'édition des *Grands Ecrivains*, les pièces 7, 9, 15, 37, 41, 47, 59, 77, 88, 98, 107, 108, 111. Je vous prie de remarquer que dans le nombre il n'y a *pas une seule ode en stances de dix vers isométriques.*

Le fragment d'Ode : « Soit que de tes lauriers la grandeur poursuivant », est une très curieuse ébauche où nous surprenons l'esprit de Malherbe en train de s'essayer au maniement de la strophe lyrique : 1° il combine les alexandrins et les vers heptasyllabes ; 2° il coupe le sixain après le second vers ; 3° il commence et termine les strophes par des rimes de même genre. Il semble bien, dirais-je, qu'il étudie alors en elle-même la grande strophe héroïque avant de l'étudier en groupe ; c'est sur les éléments fournis par Ronsard qu'il s'exerce d'abord. La réflexion l'amène ensuite à réformer bien des choses, et c'est ainsi que dans l'*Ode à Marie de Médicis* il arrive à établir à peu près définitivement le type de sa strophe lyrique ; désormais, d'une strophe à l'autre, les rimes initiales et terminales sont de genre différent.

Comme le fragment d'Ode, la *Consolation à Caritée* appartient à la même période de tâtonnements et d'essais. Ronsard et Desportes lui donnaient l'exemple d'une disposition prosodique où, à vrai dire, personne n'avait jusqu'alors vu une licence. Malherbe use encore de cette disposition dans la *Paraphrase* du Psaume VIII ; *puis il y renonce tout à fait dans le style soutenu.* Il est à remarquer, en effet que les différentes pièces ci-dessus mentionnées sont toutes des pièces légères, stances d'amour, chansons, vers de ballet.

Une seule fois, il a repris cette disposition dans une pièce grave, c'est dans la *Consolation* au président de Verdun. Mais c'est là une bizarrerie que je mets volontiers à côté de celle qui lui faisait écrire à la reine régente des stances sur deux rimes masculines : « Objet divin des âmes et des yeux, etc. »

Je pense que Malherbe était très curieux de varier les dispositions métriques et rythmiques ; de là ses essais parfois plus singuliers qu'heureux. Ce qui me semble prouver que la similitude de genre de deux rimes qui se suivent lui paraissait une licence ou tout au moins une *négligence* peu compatible avec l'harmonie de la strophe lyrique, c'est qu'il l'a proscrite de toutes ses grandes odes. Cette similitude n'est admissible, en effet, que si l'on observe après chaque strophe un *temps d'arrêt;* la dissimilitude de genre permet, au contraire, de passer tout naturellement d'une strophe à l'autre. Dans le premier cas, l'harmonie est rompue et haletante; dans le second, il y a courant continu d'harmonie; donc progrès. »

21 décembre 1892.

G. A.

Tel est comme le *post-scriptum* d'un livre, dont nous avons cité, chemin faisant, des pages bien fines d'esthétique sur l'harmonie de Malherbe. M. Souriau y trouvera peut-être de son côté une contribution utile pour préciser encore sa p. 95 : il cite en effet dans la n. 1 le jugement de Marmontel, dont voilà le véritable exposé des motifs.

POITIERS. — TYPOGRAPHIE OUDIN ET Cie.

www.ingramcontent.com/pod-product-compliance
Lightning Source LLC
LaVergne TN
LVHW020407230826
846091LV00004B/1179